不再裝乖，你的期待與我無關

從邊緣人到大學教授，ChaCha 的勇闖美利堅

ChaCha 著

作者序

從亞熱帶小島網紅到冰天雪地的大學教授──這本書到底在寫什麼?

 What's up everybody！偶海 ChaCha，很感謝你翻開這本書，這是我們的緣分！

從我開始當部落客、KOL、YouTuber、網紅（看大家愛怎麼稱呼），我就有一個小小的目標：有一天我要出書！但問題來了，當年我根本不知道要寫什麼，難道要出一本《如何在 IG 自拍不翻車指南》或是《美容王子──男性美妝保養指南》嗎？（我愛大 S）

後來，我來到美國求學、生活、工作後才發現，欸，原來我在台灣時一直過得很壓抑，活得像一顆焦糖布丁──表

面光滑，但裡面其實苦苦的。但是，當我跨出那一步，來到美國我才發現，哇，原來世界這麼大，原來我可以這樣活，原來不只有一種人生劇本！

當然，這裡不是要說台灣不好，我超愛台灣，我天天吃滷肉飯都不膩。但我想分享的是，有時候不是你不好，不是你不夠努力，而是你沒找到適合自己的地方，沒遇到真正欣賞你的人。過去我活在很多創傷和痛苦中，但我在另一個國家找到自己，療癒自己，再跟自己和解（也和父母和解啦）。Well……You know……（白女口氣）每個地方的月亮都很圓，但也有缺的地方。

這本書，原本我是想融合很多學術理論、藝術和時尚知識，並且用優美的文字，撰寫那種俗稱有深度的文章。不過我發現，口語化的小故事更能貼近我的讀者。這本書收錄了我這幾年印象深刻的小故事，這些小故事就像喝珍奶時不小

心吸到超大顆的珍珠,當下雖被嗆到,但其實會讓你對這杯飲料的印象更深刻,甚至練習吸吮的技巧(非黃腔)。過去的經歷在潛移默化中影響了我,也讓我成為今日的我。

如果你現在感覺被生活壓得喘不過氣,像一個在地獄廚房裡努力翻面的荷包蛋,或是在《超級名模生死鬥》裡被罵不爭氣的模特兒,甚至是像我一樣在《決戰時裝伸展台》播出後,被美國的網路言論狂罵。那麼我希望這本書能給你一點靈感,一點勇氣,讓你知道──只要我們繼續勇敢嘗試,總有一天會撥雲見日,活出屬於自己的樣貌。

所以,準備好了嗎? Are you ready ?
翻頁吧,讓我們一起展開這場華麗的大冒險,嘎嘎!

你好,我叫恰比。

謝謝你買了這本書,讓我有機會認識你。

我的主人是 ChaCha,

是他親手畫出我,讓我有機會來地球冒險。

我雖然個性有點害羞，

會擔心別人不喜歡我，

但我還是想跟大家做朋友，

想認識更多人。

雖然世界有點黑暗，奇怪的人事物好多，

偶爾還會碰到可怕的野獸，

但我不怕，我還是會繼續冒險，

因為「散播歡樂散播愛」就是我的使命！

我要開始說故事了,你願意坐下來聽嗎?
它可能有點黑暗、搞笑及無厘頭,
但如果能因此讓你笑,我的任務就達成了!
不開心時,就來看看我吧!一起加油!

目次

2 作者序 從亞熱帶小島網紅到冰天雪地的大學教授──
這本書到底在寫什麼？

Chapter1 不想活在別人的框架裡

14 到底要如何當一個乖巧的孩子

19 為自己活一次，人生要去闖才知道

23 第一次寫悔過書的我好快樂

29 別讓規則限制你的視野

35 啟發人性的古怪教授們

40 同學們是瘋子嗎？

45 向懶散的美國人學習如何 chill

49 原來我也可以是漂亮的人

56 在佛羅倫斯被罵蔡依林

60 世界很愛框住我們，但千萬別住進去

64 同場加映 交換不一定要等值

Chapter2　決戰時裝伸展台

70　只要有勇氣追求，任何夢想都能成真
77　站在夢想前，你還是當初的你嗎？
83　大尺碼紅毯服飾
89　初生之犢大吃屎
95　就算把我往地上丟，我也能立刻彈回來
101　為夢想摔過一次，總比一輩子悶悶不樂好
106　同場加映　節目上一堆瘋子

Chapter3　紐約時尚圈的日子

112　主動出擊，才能得到機會
118　努力推銷自己，才能出圈
125　看似光鮮，但突發狀況一大堆
130　Met Gala 時尚圈奧斯卡
135　窩毀鎖宗文
140　Instagram 是我的專長啊！

- 144　時裝週生存記
- 149　瘋狂亞洲富豪
- 154　時尚惡魔的標準
- 160　在混亂中保持優雅
- 165　米蘭時裝週
- 171　進可攻退可守的「How are you？」
- 175　大蘋果的滋味
- 181　同場加映　遇到瘋子，就是要比他更瘋

Chapter4　我居然變成美國大學教授

- 186　意外在美國大學教書
- 190　不想只是無聊地教課
- 194　在鄉下辦時裝秀
- 199　吐司就是要烤到最焦才香
- 205　刷新三觀的美式教育
- 211　不要讓人生變成白吐司
- 218　美國大學生遊台記

224　被學生種族歧視

230　你是最酷的教授

236　不裝乖，才是我的光芒

241　遠距離的美

247　同場加映　教授叫我滾回台灣

Chapter 1

不想活在別人的框架裡

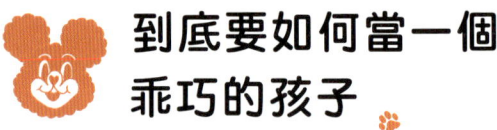# 到底要如何當一個乖巧的孩子

「有沒有腦啊？你是智障嗎？怎麼連這麼簡單的數學也不會。」半夜 12 點，父親一邊看著我寫錯的數學習題，一邊怒吼著。

啪嚓一聲，平時拿來抓癢的不求人重重地落在我的背上。剛上小學 5 年級的我，又錯愕又慌張，除了一直哭，也不知道該怎麼辦。啪嚓、啪嚓，不求人繼續重重地落在我的背上。「你還哭啊！身為男生有什麼好哭的。」歇斯底里的父親，漲紅著臉對我吼叫著。

「看我打到你不哭為止。」父親面部整個扭曲，彷彿把我當成有什麼深仇大恨的人一樣，沒有一絲一毫要放過我的念頭。啪嚓、啪嚓，父親越是用力打，我的眼淚越是止不

住。時間來到 12 點半，我已經分不出是心痛還是皮肉痛。別人說家是最溫暖的地方，我說家是最殘酷的地方。

到了半夜 1 點，也許是時間晚了，母親這時候才從房間走出來緩頰，說服父親讓我去睡覺。睡前我在廁所洗臉，我照了鏡子，轉到背後，看到的盡是一條條紅色的痕跡，而我當時已經沒有情緒了，眼淚已經哭到乾掉了。此時的我心已經累了，我只想回去睡覺，偷偷期盼著也許隔天早上，一切都會好轉吧！這件事從此成為我一輩子的陰影，也是從這天晚上開始，我再也沒辦法安穩地待在家。

從小我就是一個乖巧的孩子，我不吵不鬧也不會做出破格的事情，成績還總是班上前三名，我的基測模擬考甚至還考過第一名，雖然是因為第一名肚子痛沒來考試，但我想說我就是一個儒家寶貝。不過父母親總是看我不順眼，母親在我國小時就喜歡用我的本名搭配形容詞羞辱我，她最常講的就是「余柏諺討人厭」，她把霸凌自己兒子當成興趣，只要心情不好，她就會把我拖到家門外，拖到身上都是瘀青，把

我鎖在鐵門外好幾個小時。我常常狂敲門想要母親讓我回家，但母親會故意繼續把我鎖在外面，有時候等到鄰居看不下去，或是被我的尖叫哭聲吵到受不了，我才能回家。現在想起來，我當初就應該跑走，看看能不能被有錢的法國人領養。

至於父親，平常的嗜好就是用三字經問候我，「╳你娘」、「○你媽」這些口頭禪他不只說，也身體力行，毒打我一頓。我總是覺得委屈，為什麼我什麼都沒做，還表現得很好，卻要被罵得狗血淋頭。到了高中也是一樣，有一次父親不知道又在發什麼神經病，居然衝到我房間，臭罵我一直玩社團，都不讀書，接著抓起我的書包，把書包裡的東西全都倒在地上。我只能一直求他不要打我，但越說他卻只會打得越兇。

面對這樣有毒的父母親，我從小就活得膽戰心驚，深怕隨時都會得罪他們（其實只要呼吸就會得罪）。在我有記憶以來，小時候常常在房間哭到死去活來，甚至好幾次打開窗

戶想跳下去，但後來怕變植物人，所以放棄。

總而言之，在台灣的家中我一直都活得很憋屈，我的人生就是做什麼都不對。申請大學時，因為對服裝設計有濃厚的興趣，於是在志願卡上都填了相關科系。當年申請大學是需要父母簽名的，我爸在看到志願卡後，連續用了最難聽的

其實我小時候真的滿可愛，為什麼不得人疼呢（困惑）？

五字經問候我，他就是一個老 89，一言不合就是打架跟罵髒話，接著我就被逼著去跪在神桌前懺悔 3 小時。最後父親要我把志願全部改掉，只能填國立大學。我甚至賭氣申請上了完全沒興趣的哲學系，不過後來選擇去唸別的系啦！

在父母眼中我是一個離經叛道，很叛逆的孩子。可是說到底，我真的沒做過任何叛逆的事，我真的超級乖耶。父母親算是情勒高手和臭罵高手，而我算是患有斯德哥爾摩症的小鳥，自願繼續被囚禁在台北的家中。

> **ChaCha 想說**
>
> 雖然青春時期活得辛苦，但我相信每個人在人生的道路上都會遇到阻礙，我的只是在原生家庭而已，而我必須自己找到出口，找到屬於我的天空。

 為自己活一次，
人生要去闖才知道

　　17歲的你，是什麼樣的人呢？是一個對未來有憧憬的人嗎？我是，不過這些夢想卻在一夕之間幻滅，而我也認清了。

　　18歲時我剛上大學，讀自己沒興趣的科系，學著沒興趣的內容，不過其實也還好，反正國高中也都是在學一些沒興趣甚至不喜歡的內容，最差就是被當掉而已。不過我還是夾縫中求生存，在有限資源內，我選擇自己去開拓視野。我雙主修表演藝術學系，因為我喜歡藝術，我想學習舞台技術、劇場化妝、劇場服裝以及文化創意產業。我還發現學校有開設服裝學、服裝史、色彩學等服裝相關課程。在壓抑的家庭環境下，我利用課堂時間學習更多自己有興趣的知識（而且多修課還不用加錢）。

就在大學三年級時，我開始思考未來的路。雖然父母親對我一直是很畸形的管教方式，但說也奇怪，他們卻願意讓我去美國求學。我開始靠自己的努力，準備申請學校的作品集。呼應前文所說的，其實我在大學累積了很多劇場服裝、表演的相關作品，再加上我英文滿好的，其實在申請資料的準備上，沒有遇到太多的困難。

申請學校，就像是把自己過往的人生審視一遍。除了基本的鑑定考試，我還需要寫個人陳述（personal statement），這是申請海外大學的關鍵，也是招生委員非常重視的文件。所幸我來自一個殘破的家庭，於是這也算是輕而易舉，也算是塞翁失馬（樂觀）。比較熟悉美國學校申請的人就知道，招生委員很喜歡看悲慘到成功的勵志故事。總而言之，我其實算是這方面的第一把交椅。

不過在準備申請過程中，遇到了一個小插曲。當時母親求好心切地幫我找了一個代辦，也許是對於長子的期盼，或是希望有可以跟親戚炫耀的結果，母親希望我能申請到一間

好學校。代辦也很積極，他看我讀台師大，而且有豐富的社團、表演及帶班經歷，於是極力說服我去讀哥倫比亞大學的教育研究所。我媽當時殺紅眼的認為這個決定真是太好了，普天同慶。我也一度覺得好像不錯，因為校名聽起來就是響叮噹（膚淺）。

接下來的三天，這件事一直在我腦海中反芻。彷彿回到高中，如果我選擇服裝設計研究所，我就是走在熱情的道路上；倘若選擇名校的教育研究所，那就是重蹈覆轍。

之後敲醒我的事情很單純，有一天我走在家附近，經過一家很小間的文理補習班，它開在鵝肉便當店旁邊，補習班專門做附近國高中的生意，招牌上大大的幾個字寫著「○○老師，英語專業，學歷：哥倫比亞大學教育研究所」。我當時看到後就明白了，我最不想要的就是未來被困在這個地方，困在家裡旁邊的鵝肉便當店。我下定決心去美國求學不只是要追求夢想，更是追求自由，我想要的遠比回來當英文老師多更多。

於是隔天我跟母親說，我不會去找代辦了，我自己就可以完成申請。最後也因為我申請的是在美國排名前二的藝術學院，所以也算是兼顧母親的期望，去了一所名校讀書。當下的我帶著破釜沉舟的心情，因為如果永遠不去追隨夢想，就只會留下一輩子的遺憾。

於是我遞出了申請資料，一轉眼就來到美國中西部的芝加哥。（未完待續……）

> **ChaCha 想說**
>
> 不管成功或失敗，人生需要靠自己去闖才會知道。憑著破釜沉舟的勇氣，我捨棄名校光環，決定跟隨自己的熱情，踏上屬於自己的旅程，因為如果不去追夢，我的人生將只剩下一輩子的遺憾。

 # 第一次寫悔過書的我好快樂

「Welcome to the land of fame excess. Am I gonna fit in ?」（來到了超人氣星光樂園，猶豫是否該融入這裡？）

耳機裡播著麥莉・希拉（Miley Cyrus）的〈Party in the U.S.A〉。清晨六點鐘，我抵達了美國芝加哥歐海爾國際機場。一下飛機，身上出現雞皮疙瘩的感覺，我的人生現在才終於要開始，我彷彿逃離高塔和有毒媽媽的樂佩公主，靠著自己的力量，我終於可以開始創造屬於我的人生。走出機場，朋友開車來接我，車子從郊區駛向芝加哥市區。錯落有致的高樓大廈，形成市區絕美的天際線，直到現在每次我開車進芝加哥時，還是會被眼前的美景給震懾。

在美國生活，連空氣都是自由的，每一天的我都是快樂

冠軍。雖然未完全脫離父母，但至少物理上來說，不需要每天膽戰心驚，我再也不用害怕晚上突然被爆罵一頓，也不需要因為一時找不到冷氣遙控器後面的蓋子而被父親叫去罰跪。

學校位在芝加哥最熱鬧的市中心（the loop），宿舍就在學校幾個街口之外。我的宿舍在 18 樓，從窗戶看出去是美得令人屏息的密西根湖畔，還點綴著千禧公園（Millennium Park）以及白金漢噴泉（Buckingham Fountain）。每天光是看到這個景色，我的人生就飽了！宿舍跟我想像的不一樣，我原本以為跟台師大的一樣，是上下鋪且很舊，結果宿舍是公寓 style，一人一間，還是高級公寓，傢俱都超級讚，甚至還有超大的 LG 電視。

因為我算是國際學生，所以可以比其他室友更早搬進來。第一週的國際學生導覽上，我認識了第一批好朋友，他們來自各個國家，包括西班牙、巴西、韓國等，我也跟一些負責國際學生訓練的工作人員成為朋友。3 天的新生訓練結束後，我跟一個韓國女生金小姐決定邀請朋友一起來 party。

因為我們都很嚮往電影裡看到的美式轟趴,而且還要用傳說中的 red cup(匿稱為小紅杯,是美國辦趴時最愛用的容器之一),於是我跟金小姐說我家沒人,邀請大家來我家玩。

我一個台灣乖學生也沒見過世面,卻第一次辦趴,原本大概只約了 8 到 9 個人,後來來了 30 幾個,準備的酒跟食物都不夠,不過每個來的人都有帶酒來啦,找也第一次玩了啤酒乒乓(beer pong)。這個遊戲通常是在喝酒的時候玩,玩家要將桌球扔過桌子,將球丟入另一端的酒杯中。通常分成

傳說中的小紅杯 party,照片是我拍的,所以沒有我。

兩隊，兩隊會輪流丟，若投中對方的杯子，對方要將杯子裡的酒喝掉。遊戲很簡單，卻很好玩，大家都玩得很開心。

酒酣耳熱的來到 12 點，大家開始說要去續攤，去城裡最好玩的夜店繼續跳。身為主辦人的我也很想跟，可是當時我早就倒在地上然後全身紅通通，俗稱 Asian flush，而且還開始發怪酒瘋，我倒在地上大喊：「ＵＳＡ！ＵＳＡ！ＵＳＡ！」音樂繼續大聲地播放，其他人也依然認真地跳。

「砰、砰、砰」這時候突然有人很用力地敲了我家的門，我在金小姐的攙扶下才能去應門，一打開是兩個非常嚴肅的白人女生。她們說自己是這兩層樓的宿舍助理（RA），她們接獲舉報說我這間宿舍太吵。一走進來看，她們發現 30 幾個人在喝酒，其中一名宿舍助理很嚴厲地說：「21 歲以下不能飲酒，你們現在給我離開。」由於很多都是大學部的同學（我甚至都不知道是誰），於是大家就快速地鳥獸散（其實是去夜店繼續跳）。

後來宿舍助理聽到窸窸窣窣的聲音，她去敲了廁所門後，還抓到三個人在廁所裡抽麻，也是立刻被趕走。最後剩下我跟金小姐兩個人，宿舍助理很嚴肅地唸了我一頓，巴拉巴拉講一堆有的沒的，在她唸到一半時，一股暖流從我的胃衝上來，我直接在她面前大吐特吐，把我晚餐吃的美式中餐（Panda Express，熊貓快餐）吐個精光。

最後我寫了 800 字的悔過書，對，是用英文，然後上交給學校才結束這場鬧劇。

然而，這只是我到美國的第四天！

萬聖節 party 我扮成《動物方程市》裡的茱蒂。

ChaCha 想說

雖然被記警告和寫悔過書,但我好爽,好快樂!我在台灣從來沒被記過警告或寫悔過書,此刻的我「free like a bird」,我每天都要嘎嘎叫!

 ## 別讓規則限制你的視野

　　新生訓練結束後,我開始在芝加哥藝術學院上課。這間學校排名全美第二,在全球也是前十。我覺得自己好像莫名進入到一間「好學校」,有點緊張和害怕。終於來到研究所的第一堂課,第一堂課很輕鬆,就是靜靜坐著看研二學長姐輪流發表,上台展示暑假的成果。

　　第一位展示作品的是來自加拿大法語區的高大白人學長 Ben,長得還有點小帥。他的作品是一部影片。影片開始,Ben 出現在影片裡,場景裡有一張椅子,Ben 穿戴整齊地坐在椅子上。影片中 Ben 將上衣脫掉,再把牛仔褲脫掉,只剩下一條粉紅色的緊身四角褲,當下我想說「哇～也太大包,請你再脫一件吧!」(開玩笑)。

影片繼續播放著，Ben 拿起一桶香草冰淇淋開始挖，他挖起了一球，接著將整球冰淇淋倒進內褲裡。身為同樣性別，我顫抖了一下，不禁感到一股涼意。影片中，Ben 繼續重複著這個動作，將一球球的冰淇淋塞進內褲。隨著內褲中的冰淇淋越來越多，Ben 的內褲也越來越鼓。冰淇淋因為 Ben 的體溫開始融化，一滴一滴從他的胯下流出。冰淇淋的重量造成內褲開始往下滑，影片就在他挖完整桶冰淇淋，使整條內褲又黏又濕後結束。

接著，另一名學姐的作品是一排土色的雕塑丟在地上，很像大便，也有學姐的作品就是兩個現成的時鐘，然後兩個時鐘的指針朝相反方向運行。我當下就是一頭霧水，難道我花幾百萬台幣就是要學這個？

這堂課就是 studio class，一週兩天，大部分時間我們在做的事情叫做創意發想（creative process），就是待在工作室 6 小時。在工作室中，研究生們會跟兩位導師做非常密切的相處。其中一位我們都叫他大哥（Nick Cave），他是一名非裔

美國藝術家，作品隨時都在各大美術館展出。第一堂課的最後，大哥公布了第一份作業，題目是「心」。

以往在大學做作業時，教授都會給一些敘述和方向。可是這個題目就只有題目本身，完全沒有任何的闡述。在這一週裡我絞盡腦汁，做了很多研究，最後以內心的黑暗面作為靈感，做了一顆黑色的心臟雕塑，用了很多材料組成這個雕塑，有水鑽、寶石、馬賽克以及二手店的玩具。

展現作品的日子到了，教授和同學們圍成一圈開始進行評價。我介紹完這個黑暗心臟雕塑後，大哥靜默了一刻，他的眼睛看著地上，然後飄向我，接著以呢喃的聲音跟我說：「你覺得，題目就是字面上的意思嗎？你做的就是一顆心臟？」我一時語塞。接著大哥搖了搖頭說：「我對你很失望。」

看見大哥面露難色，眉頭深鎖，我急切地向他解釋，大哥眼神直勾勾的盯著我的作品。突然間，他將我的作品拿了

起來,然後奮力往地上一丟,「哐啷」,整個作品摔成了碎片。空氣凝結,一滴冷汗從我的頸後沿著脊椎流下。

大哥說:「你看,這樣好多了,你的作品更有張力也更有意義了。」

「瞎咪小咕!」我的內心呼喊著。

我努力去理解他到底想要什麼。一個好的作品除了要原創,更重要的是,要看得到藝術家的靈魂。在課堂後我向大哥請教,他認為我在製作過程有太多外在思緒以及太多參照物,進而忘記我的本質。對於制式的答案,教授們是不屑一顧的,他們要你突破框架,用心感受世界。

還有一次的題目是無政府主義(anarchy),我用混凝土製作出一塊石板,上面寫著各種教條及規範,接著我用不同的絲帶懸吊這塊石板,石板下方因為脆弱,下緣的混凝土會剝落並掉下來(很在乎破碎一事)。

另一名來自東歐的女同學全身穿著肉胎裝,手抱著幾十個雞蛋,演出了一段現代舞蹈。過程中,蛋甚至會破掉然後汁液都流出來。還有一名來自巴哈馬的女同學,從廢墟撿了一扇門,以及大小不同的磚塊,她將這些寶物畫上各種圖騰,並羅列在地上,接著在講述概念的時候,她還一度流下眼淚,最後泣不成聲。另外也有男同學把一堆二手衣服填入泥土,然後插進花朵中,結果被大哥臭罵一頓,他怒吼說:

我們的服裝設計作品。

「你做這是什麼屎！」但男同學也不是省油的燈，他直接在課堂跟大哥對罵，然後甩門走出教室。

在頂尖的藝術學院裡，我們每天去垃圾堆取材、在課堂上放聲大哭（每週一次），以及跟教授指著鼻子對罵（每兩週一次）。這裡顛覆了我對學習和藝術的想像。一學期的 studio class，就這樣在眼淚及汗水，以及無數個無眠的夜晚中度過。

> **ChaCha 想說**
>
> 如果要我在所有上過的課中，重新選一堂課再上一次，我絕對會毫不猶豫地回到這堂課。這是我首次真正感受到藝術的狂放不羈，創作的澎湃力量。原來，藝術不只是技法與理論的堆砌，而是一種帶著靈魂躍動的存在，鮮活而深邃。我的腦袋瓜彷彿被閃電擊中，思想的維度被撕裂重塑，從此看世界的方式再也不一樣了！

啟發人性的古怪教授們

古怪同學、古怪室友就算了，沒想到教授們也都超奇怪。比起以前一板一眼，循規蹈矩的老師，這裡的教授總是能讓我驚訝，每個人都超有個人風格。列舉幾個讓我印象深刻的教授，像是：

很會鼓勵人的服裝史教授

有一次在服裝史的期中報告中，我的作業是探討 19 世紀中的女性服飾與女性主義。當時的女性必須藉由如束腹（corset）和裙撐架（crinoline）一類被稱為「藝術品」的塑身服飾，來突顯女性生育特徵（乳房與臀部），展現性感魅力。我將這個概念類比到金・卡戴珊（Kim Kardashian）那陣子很瘋迷的沙漏型身材。原本想說這只是我平常開玩笑會

寫的內容，殊不知老師在看完報告後，還特別拿出來點評，說這樣的類比很好，很有個人風格並且帶有創意跟批判性。我想說他人也太好了吧！其實我只是覺得滿好笑才寫進報告裡（教授好容易滿足）。

人很好的油畫課教授

即使我在前文都說自己很努力、很勵志，總是把大學當 buffet，什麼課都要修到飽，但老實說我還是會想修一些好過的課。聽學姐說有一堂油畫課很水，但有很多自主空間，於是我立刻選修。這堂油畫課只能說真的很隨性，一次 7 小時的 studio 課，大概只有 1 小時是教授示範，剩下時間就讓學生們自己作畫。

其實我的畫畫技巧就是普通，大概就是基本國小美術班的那種程度，外加曾經得過新東陽繪畫大賽優等（這個獎盃至今還放在台灣的家裡）。我有一個同學是中國中央美術學院畢業的，她常常跟我說她以前有多拚才能擠進央美。果

然她的畫工真的是我望塵莫及，絕對是維妙維肖又帶有個人色彩的第一名。在這樣的課堂上，我畫的東西只能用個人風格和概念來超越技巧，好好笑。有一次我畫一對天使，想走文藝復興風格，但我控制不好線條和顏色，看起來就是亂畫一通，結果教授超級 nice，他說頗有馬蒂斯的野獸派風格。（還是說他在諷刺我，只是我沒聽出來？）

不過這堂課其實也很有深度啦，因為我們學校是芝加哥美術館的一部分，所以我們常在課堂上去美術館裡看真跡，教授會跟我們解釋藝術家的用色、筆觸、手法，很多東西都是要看真跡才能細細品味。看完後，我們會回到教室臨摹剛才解說的手法。

愛洗澡的教授

教授們不只鼓勵學生做自己，他們也非常做自己。有堂課的教授是有一頭白色捲髮的白人爺爺，每次上課都是穿正式西裝加領帶。第一堂課時，教授再三叮嚀我們必須要好

好吸收書本的知識。

接著,教授突然把課本的其中一頁撕掉,對著我們說:「這張紙裡承載著大量的知識。」然後教授又用丹田的力量吶喊:「知識就是力量!」

教授將紙張往身上抹去,像是在用浴球洗澡一樣,把這張紙往身上開始擦來擦去,從肩膀、肚子、小腿,最後甚至

我和教授們的合照,你看他們是不是都很有個人特色?

直接拿那張紙來洗頭洗臉。「哇！這樣也可以！」我內心想著，並且傻眼地看著眼前的一切，餘光瞄到旁邊的同學拿起手機偷偷錄起來。我只能說，大家就是做自己啦！

> **ChaCha 想說**
>
> 現在自己在大學教書，在校園裡也是被學生視為比較奇怪的教授。我教書的學校在密西根的鄉下，教授們九成都是45歲以上，亞洲教授寥寥無幾。有的學生說我看起來太年輕，很像學生很奇怪，個性太過開朗也很奇怪，也有學生覺得我上課很常用時事梗也很不一樣。然後我很愛在上課時拍小短片，甚至比學生更沉迷使用社群媒體。我出的作業也跟傳統的不同，很多是創意發想而不是書面報告，讓他們覺得上我的課很特別。我想可能是這些研究所的教授們，潛移默化影響了我吧！

同學們是瘋子嗎？

　　我記得某個學期我修了「藝術與批判」，這堂課很講求有憑有據的論點，並且需要融合很多理論、考究的資料，然後要自己組合觀點，總之就是很難。這堂課是連我這種有英文檢定且英文不差的人，也還是無法駕馭，難到我甚至整篇文章都翻成中文也還是看不懂。當時課堂上我跟幾個中國同學是朋友，不過他們的英文程度就比較差，而且很多只有藝術設計背景，完全沒有在科學研究上努力過。

　　期中考後成績出來了，我記得我拿了一個 B-，算是差強人意吧！然而那些中國同學，清一色都是 C 以下，還有更低的。教授在課堂上毫不留情地宣布：「如果期末沒有考更好，我會把你們都當掉。」原本這位藝術史教授就已經很嚴肅，聽他這麼一說，更讓我們嚇到瘋掉。課後，我跟中國同

學們去中國城吃宵夜,同學們一邊把茼蒿放進火鍋裡,一邊抱怨著藝術史教授。抱怨到一個高潮的時候,Z同學突然發出了不同的見解。

Z同學:「你們記得教授有一次上課,遲到了十幾分鐘,整個人好像醉醺醺的,心不在焉,還給我們看一些情色的圖嗎?」其他同學紛紛附和。

Z同學:「而且他有一次沒來,請來的代課老師也超怪,就只是放影片給我們看。」Z同學彷彿在佈道一樣。

Z同學:「然後他還一直歧視中國人,上課的時候講了一些跟東方有關的事來嘲諷我們,他還說中國製的東西不好用,甚至我們舉手,他都故意忽略,只點名其他西方面孔的學生,還說我英文不好有口音。有一次他還說我上課不專心,但我只是眼睛小。」

接著像是直銷大會一樣,群情激憤了起來,大家紛紛

表示自己也被教授歧視。不過，老實說我完全沒有感受到這些，這些指控甚至幾乎都是過度解讀。

Z 同學：「我們要舉報他，揭發他的惡行。」
R 同學：「對，我父母一年付了 5、6 萬美金，辛辛苦苦供我來上課，不是要我來忍受這種教育的！」

我打從心底知道，他們其實只是不想努力，但又不想被當掉。（因為學費真的超貴！）

隔了幾天，我們約在一間咖啡廳開會。Z 同學擬定了計畫，並且收集大家的證詞。我幾乎很少表態，不過我還是有表達認同，除了怕被罵，主要也是不想被排擠或是沒朋友，嗚嗚嗚。

Z 同學最後跟我說：「ChaCha 你英文最好，你負責整理證詞，然後把我們的訴求整理成檔案。我們主要的訴求就是教授不能因為種族關係，而將學生當掉。」

在我們上訴後，學校在幾天內召開了會議，要來處理期中之亂。在場除了我和中國學生們，還有三名學校高層以及藝術史系主任（教授不在場）。會議開始，Z同學開始講自己來美國求學不易，結果居然遇到這樣的教授。其他同學也紛紛開始講自己在課堂上被歧視的故事。說著說著，一名同學直接潸然淚下，講述這樣的經驗讓他對學校充滿不安全感，而我為了要有團隊精神，竟然用哽咽的語氣說教授上課不用心。一切就像是排練無數次的舞台劇，每一名學生都使盡吃奶的力氣演出。最後，學校也是很直接的跟我們道歉，並確保事情不會再發生。結束，離開。

Z同學：「他這是咎由自取，活該，考試不考慮我們的英文程度，然後想當掉那麼多人，到底是在教書，還是在威脅人啊。」

R同學：「就是說啊，這種人不給他一點顏色瞧瞧，是不會學乖的！」

其他同學也開始罵罵罵，我只能說真的是最好不要惹到這群人耶。後來教授寫信跟班上同學道歉，並且保證不會有人因為種族而被當掉。在期末，這些同學還是一點進步也沒有，不過每個人都過了，班上沒有人被當。種族這張牌真的好奇妙，它可以是阻礙你前行的路，也可以是你拿來對付白人的利器。

> **ChaCha 想說**
>
> 結果多年後，我開始當大學教授時也遭到報應。我被學生舉報次數超過 6 次，原因都很小，譬如有同學覺得我的講評太犀利，或是我上課時出的作業太多。但我也想幫自己說話，那間學校的每個教授都被瘋狂舉報，算是大家都被 Z 世代統治了，哈哈哈。在教學這條路上我也是做中學啦，希望以後可以不要再被舉報了！（已經兩年半沒有嘍。）

向懶散的美國人學習如何 chill

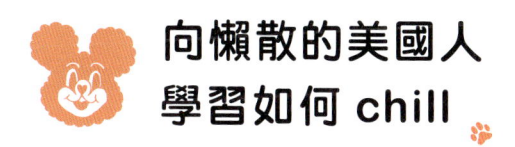

　　我剛進研究所那學期，芝加哥開了第一間 UNIQLO。負責商業課的教授水哥買了好幾件衣服帶來班上給我們看。

　　水哥：「你們看，UNIQLO 的衣服都包起來像太空食物一樣。」接著開始聊各種話題，你一言、我一語，話題順到午餐要吃什麼、寒假有沒有安排等，就這樣一個小時過去了，中場下課。

　　中國同學：「這堂課也太水了吧？繳那麼多錢來聽他在那邊逼逼（瞎聊的意思）。」

　　「水」這個字是中國同學教我的，意指虛有其表、內容很不充實，就像是加了很多水、味道很淡的飲料。課堂上水

哥應該是要教一些商業知識，但常常是一群人坐著聊今天的天氣。美其名可以說是從不同觀點中碰撞出火花，但跟其他課相比，可說是天差地遠。有時候上課，他就放幾張圖片或拋出幾個時尚界的新聞，然後大家就閒聊，接著下課。

在水哥的課我什麼都沒學到，就是學會如何 chill。水哥的人生哲理就是要 chill，這件事還跟班上大多數的美國人不謀而合。

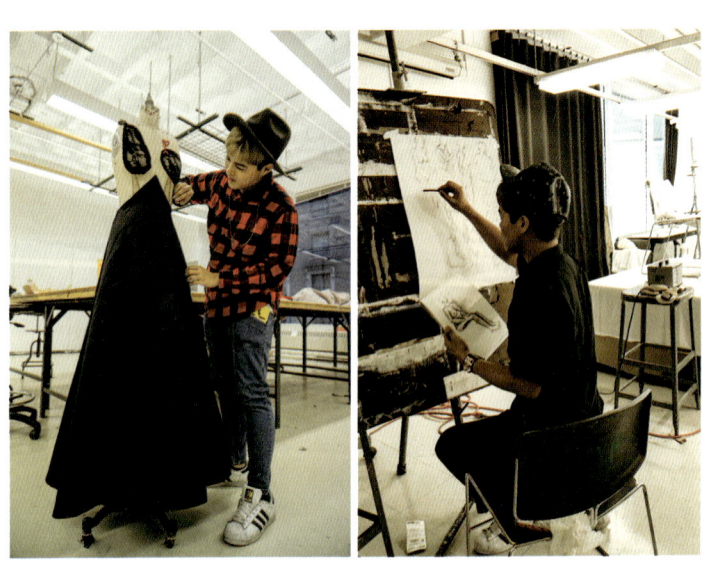

我當時在工作室也都很 Chill，雖然可能看不出來，哈哈！

Chill 的這個生活態度，就是遊走在一個有做事但又不需要太努力的邊緣。一切順其自然，想做就做，想休息就休息。胖黑妞是我們班上最 chill 的一個人，她每天就是一杯咖啡一堆零食，然後在工作室裡遊手好閒，對比起每天焦頭爛額的我，有時候真的滿羨慕她的。有一次的作業是寫 2,000 字的報告，胖黑妞只交出了 600 字。

水哥：「妳的作業怎麼只有 600 字？」
胖黑妞：「我還在構思接下來要怎麼寫。」
水哥：「沒關係，妳只是需要更多時間來消化。」
胖黑妞：「Yeah，我接下來會慢慢想。」

　　以上，我當場白眼翻到天靈蓋。以往這個行為在台灣，應該就是先被扣至少 20% 的分數，這可是遲交。但是水哥就完全覺得合理，慢慢來，反正有交就好。沒見過這麼 chill 的老師和同學。

　　有一次在工作室，我進入了創作的瓶頸期，胖黑妞跑來

跟我說：「ChaCha, just chill. 你放寬心，以後就會知道答案是什麼了。」

於是後來我就回家追了五集《怪奇物語》，反而因此覺得自己充飽了電，靈感就來了。我們常常會給自己很多壓力，覺得要兢兢業業，其實偶爾適時放手，讓自己悠哉一點，靈感就會在這個時候上門。

> **ChaCha 想說**
>
> Chill 在生活中，也可以用在不知道要幹嘛的時候。譬如說我朋友會揪人去家裡 chill，就是一群人坐在客廳無所事事，聊天、吃零食、打遊戲。
>
> Chill 也有另一個意思，我剛到美國時在交友軟體上遇到一個白男，他邀請我到他家 Netflix and chill，我想說就是看影集聊天。結果去他家看電影、吃披薩後，他就開始對我手來腳來，我大吃一驚，我說太快了，他就說你不是答應要 Netflix and chill 嗎？後來才知道，原來這是要約炮的意思（糗）。

原來我也可以是漂亮的人

　　從小我就對自己的外貌非常沒自信，我就是一個胖嘟嘟男孩，國一時就 80 公斤，但我還是不運動。每天最快樂的事就是下課後要買一杯珍奶配上一塊炸雞排，高油高糖讓我快樂，高熱量食物帶我上天堂。國中時我除了身形肥胖，還戴著黑框眼鏡和牙套，一臉憨呆。當時的我甚至不會搞笑，不會想辦法交朋友，在班上人緣很差，常常被排擠。全班去旅行時，我就會跟最不受歡迎的幾個人分在同一個房間。

　　我那時的綽號是香腸嘴，因為同學們覺得我嘴唇很厚，看起來很醜。有次鉛筆盒被同學搶走，回來鉛筆盒上全是用簽字筆跟立可白寫的香腸嘴。（2023 年暑假去饒河街時，我還被算命師指著鼻子叫梁朝偉香腸嘴。）

有一次在學校午睡醒來後，我照慣例往廁所走去小便。這時候，我的背後傳來窸窸窣窣的笑聲。這個聲音越來越大，一名陌生的男同學從背後點了我的肩膀，我轉頭看向他。

男同學：「欸，你是豬嗎！？」
我：「痾……不是啊！」
男同學：「那你背後怎麼有一張便利貼，寫著你是豬！」

接著，其他在走廊上的同學也全都大笑起來。當下的我雖然一頭霧水，立刻把兩隻手往後伸，想盡辦法要撕下那張便利貼。然而越是急著想撕，越是手忙腳亂，同學們笑得越是開心。撕下來後，上面確實寫著「我是豬」三個大字，我氣得丟在地上。

另一個同學大喊：「欸豬，垃圾不能亂丟！」

同學們再次大笑起來，我撿起便利貼，低著頭往前快速地走到學校最遠的廁所。找了一個隔間，躲在裡面哭，我就

是哈利波特裡的麥朵。直到下下節課,我才敢走回教室。從此以後,我開始活在容貌焦慮中。有次午覺醒來,桌上被寫滿了「胖胖堂男孩」幾個大字。班上同學還一直叫我香腸,他們諷刺地說,這是我上棒棒堂男孩要用的綽號。我只能說,大家很喜歡在我睡覺時整我耶,而且我會不會都睡得太過香甜,竟然每次被整都沒有發現。

時至今日,只要聽到背後有窸窸窣窣聲,我就會下意識摸摸自己的背。甚至平常去咖啡廳或餐廳,我都會想坐在後面沒人的那種位子,最好是可以靠牆的那種,我不喜歡背部敞開的感覺,我彷彿還是國中的那個胖胖堂男孩。

剛來到美國芝加哥,才第一天,路人就一直瘋狂稱讚我。我那時候大膽染了鮮綠色的頭髮,我走在路上,迎面而來的一個黑姐姐說:「I love your hair!」以前光是在台灣染金髮就要一直被長輩碎唸是不良少年。

有一次我在購物中心逛街,一名店員突然衝出來到我

旁邊。她說:「你真是太漂亮了,我必須出來跟你說,你是我在世界上見過最美的人!」我受寵若驚耶,大家都好正能量。這些稱讚,成了奠定我自信的基石。來到美國後我才知道,原來我也可以是一個漂亮的人。

美不只有一種形式,每個人都有自己漂亮的地方。

除了綠頭髮,我還染過一頭粉紅髮!

在美國，我好像變成明星一樣，以往乏人問津的交友軟體叮叮咚咚地響。在台灣時，我對自己的小腿非常沒自信，我覺得它們是超粗超壯的肥豬棒棒腿。我有多恨我的小腿呢？從國中開始，我再也沒穿過短褲，台灣熱死人的天氣，我就是瘋狂流汗。來美國後，我跟交友軟體上的美國男生出去，意外的是，他們都會稱讚我的小腿非常性感，還說我的肌肉腿是 runner's legs。於是我漸漸開始穿短褲，終於，在23歲的夏天，我的小腿睽違10年出來見人了。

有一次我穿著小短褲在洛杉磯搭 Uber shares 時，隔壁坐著一個陌生男子。他看了我一眼後，把他的腿越過我們之間的分隔島，用他的腿開始磨蹭我的腿，甚至還用手撫摸我大腿。還有一次去朋友家借住，朋友的 gay 室友找了一個很爛的理由，趁機狂摸我的大腿和小腿，隔人早上該室友還跳到我的床上性騷擾我。我只能說請大家放過我的 runner's legs 好嗎？一下在台灣被嘲笑，一下在美國被性騷擾，我真的是不要太性感耶！（好多瑣碎故事可以分享。）

美國的審美很多元，每個人都值得被欣賞。

除此之外，我在台灣被視為外貌缺陷的地方，都在美國得到救贖。像是膚色比較深，美國人簡直愛爆，還覺得我很悠閒，每天去海邊曬太陽，好有錢。或是我的香腸嘴，除了被很多男生說親起來很柔軟，像枕頭一樣舒服，之前熱愛整形的女同事甚至問我是不是有打玻尿酸。哇！被誤認有整形真的是最高級的稱讚了吧！

多元的審美讓我學會愛自己的外表，也懂得欣賞其他人，更是治癒了我的容貌焦慮症。如果要改進，都是我發自內心想讓自己更好。像是我在紐約服裝公司的同事，每個人都是假奶，但她們做假奶不是為了男人，就是自己爽！

ChaCha 想說

有一次我請一個白人朋友喝珍珠奶茶，好友表示很噁心，她覺得珍珠很像是塑膠彈力球，她不懂為什麼要咀嚼黑黑圓圓的東西。我跟她說這正是珍珠好吃的原因，就因為它們QQ有彈性，所以我才愛到不行。講完這句話後，我突然有一個頓悟，對啊！我們每個人都是一顆珍珠，有些人喜歡有些人不喜歡，同一個特徵，可以被解讀成優點，也可以被解讀成缺點。

我還常常開玩笑說，如果你小眼塌鼻厚唇，總是覺得不符合亞洲社會的審美標準，那就快點搬到美國。英文有一句話：「Beauty is in the eye of the beholder.」中文就是「情人眼裡出西施」，你不是不漂亮，而是被放在不對的地方，只要被對的人看見，我們都可以是最Q的珍珠。

在佛羅倫斯被罵蔡依林

我的創作只要是發自內心、跟隨靈魂的聲音去完成,就會受到教授們的好評。教授們也都很鼓勵我盡情揮灑自我,這些跟我在台灣學習到的大相逕庭。我越是靠感覺去做,評分就越高。有幾次我試著用邏輯去完成,就被教授們打槍。

在研究所第二年時,教授們選擇去義大利的佛羅倫斯參加一個雙年服裝研討會。我很開心,因為有機會發表自己的研究及展出作品。當然我也滿心歡喜地告訴父母,然後他們就決定直接安排一趟歐洲之旅,順便飛來佛羅倫斯看我的展出。(怕有人忘記,我補充一下:我父母每天都叫我去死,從小就揍我還有霸凌我,每週都會打電話來美國臭罵我一頓。)

接下來的一個多月裡，我開始準備論文和作品，之後就來到佛羅倫斯了。到了展覽開幕前一晚的晚宴，我父母也有出席並看展。展覽廳是一棟很舊的建築，整體很有味道但就是有點舊。所以父母來看時，我就一直說「就是一個小展覽啦，你們還大費周章過來」等等的話。

隔天晚上，父母約我吃飯，於是我先去飯店找他們。進到他們房間後，我爸整個人面紅耳赤，突然臭罵我一頓，大致上是說你都已經來義大利辦展，一直說這種喪氣話，到底是怎樣，我們都飛過來看你，你還給我講這種窩囊話。瘋狂臭罵我以後他還不放棄，繼續罵，他說：「我〇你媽〇〇〇，你在美國只知道玩，讓你出國每天都在玩，不唸書，不做功課。」通常他抓狂時，我講什麼都沒用，不管是道歉或解釋我根本沒在玩，只能繼續聽他狂罵。他繼續說：「你每天只會在網路上 po 照片，po 什麼 po，你以為你是蔡依林嗎？只會擺 pose 拍照，我跟你講啦，人家蔡依林還有人要看，你去撒泡尿照照鏡子吧，長這什麼鳥樣。」

不再裝乖，你的期待與我無關

最後父親就臭罵了我一個半小時。我只是很震驚他竟然拿蔡依林跟我比較，我真是滿頭問號？？

父親：「你現在就帶我跟你媽去吃火鍋。」我當下又傻眼，到底佛羅倫斯哪來的火鍋店啦！幸好最後找到了（掌聲鼓勵），不然真的會被他罵死在街頭。然後吃火鍋時，他也繼續罵，他邊罵我還要幫他涮肉，夾進他的碗裡，恭恭敬敬地服侍他。

慶幸的是，我在佛羅倫斯有拍到不少美照（自己說）。

就這樣,我的佛羅倫斯之行被毀了,而且我也不是來玩的,我真是傻爆眼,我每天也有很多論文要發表要聽,我自己也要發表。我的人生就是這樣,永遠逃不出他們的魔爪,沒事就要被臭罵。我甚至產生早知道不要來了的念頭,而且我媽都在旁邊加油添醋,害我被罵更慘,爛死了(超氣)。

ChaCha 想說

雖然整趟旅程被狂罵到不行,整個大失敗,但佛羅倫斯不愧是文藝復興起源地,整個城古色古香,充滿文化和藝術氣息,這是在美國完全感受不到的。你能看到大衛像、維納斯的誕生,完全活在藝術史之中,有機會我還要再去!

好啦,順便分享個小故事,就是我一直期待羅馬假期的豔遇,想遇到義大利男人,於是打開交友軟體,上面有個金髮碧眼的帥白男約我吃晚餐。見到本人,他一開口,我就覺得這個口音不對勁,然後我說你是美國人吧?他說是,而且還是華盛頓 D.C. 來的。瞬間又回到美國了,哈哈。

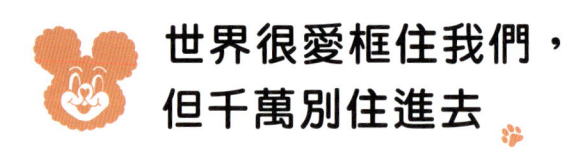

世界很愛框住我們，
但千萬別住進去

「你為什麼就不能跟其他人一樣？」這是我在台灣成長的 20 年裡，最常聽到的一句話。

不管是我的作品、報告、生活習慣或喜好，這句評論總是不斷出現，它來自家長、老師，甚至朋友。在這樣的文化中成長，導致我一直活得很壓抑，如同溫水煮青蛙。我曾經很努力適應，想要跟「大家」一樣，但我發現我可能真的很破格，因為就算我抱持著跟大家一樣的理念生活，卻還是一直被視為不一樣，非常矛盾。在台灣的我，一直活在別人眼裡，活得很辛苦、活得很累，活到最後連自己都不認識了。

在台灣準備作品集時，我去上了不同的時尚藝術課程。當老師用灰色示範，然後我用粉紅色畫的時候，老師就會不

爽，她說：「同學，你怎麼換顏色了，如果是灰色，就請你用灰色。」但這份作業跟使用的顏色其實沒關係。又或是我喜歡畫大頭模特兒，老師也會立刻糾正，只能畫出跟她一樣的作品，就算我對材料、光影、線條的掌握都沒問題，老師還是不爽我有自我風格。後來的另一個老師也是，直攻擊我的作品。老師很愛說：「你顏色用太多了，留白、留白，這邊通通都給我留白。」我可以理解他們是為我好啦，可是一味用自己的審美來框住我，卻從來不在乎我想傳達給觀眾的意涵。這些老師們就像是在烤餅乾，用一樣的模具框出每一位學生。

之後來到全美第二名的藝術學院（我前幾天看排名是這樣啦），這裡的服裝畫沒有標準規範，連九頭身都不教了。

教授說：「這些模板都過時了，就照著你的感受去創作吧！不要畫一件寫實的衣服，那太無聊了！我要你畫出時尚帶給你的感覺，我要的是感覺！讓顏料、讓紙張對你說話。」

在無拘無束的教育中,我才發現這裡的藝術課程跟我在台灣學的,只能說是天差地別。上課沒有規則,教授沒有限制。是真的沒有限制,教授如果想大發瘋,他完全可以大發瘋。我做的作品,教授們從來不會批評「你怎麼沒照著規則走」,反之,他們想要我打破框架。

我在學校時很崇拜一位學長,他的作品都是裝置藝術,他的雕塑作品常常含有叛逆、反體制的意象。我還記得有一次,我拿著這位學長的作品給台灣朋友們看,朋友們紛紛表

我的課堂作品被放在學校櫥窗展示。

示:「這是什麼鬼?這種破東西,我也做得出來。」結果,學長畢業四年後,他在紐約的知名藝廊 solo 展出,一件作品要價 2 萬美金。要是學長一直聽話,那他就永遠無法成為大藝術家了!

在美國兩年,我終於飛出籠子,意外地找回自己。我透過抽象的藝術品傳達自己的理念,在一次次的創作過程中,彷彿藝術治療般,我漸漸找回自己。最後我的狀態也反映在我的藝術品中,在研究所畢業當天,我的畢業作品及論文得到了全班第二名,也拿到獎學金。

> **ChaCha 想說**
>
> 在美國讀研究所的這兩年,我解構自己,又把自己組裝回來,最後我能驕傲地說:「我誰都不想當,做自己,才有存在的必要。」活在別人的眼裡,才是對自己的不尊重。

> 同場加映

交換不一定要等值

　　漢娜是我在學校工作室裡的朋友，算是跟我比較好的同學。我們在工作室會聊聊天，也會分享一些私生活，偶爾一起吃午餐。她是一個紅髮瑞典人，在美國有一個說法，紅髮（red hair）通常個性都偏瘋，漢娜確實也是偏瘋，我常常說她很 crazy crazy。

　　我跟漢娜常常在玩以物易物的遊戲，算是我們在高壓工作室裡的一種調劑。起因是來自有一次漢娜在紙上畫了幾個小 gg 給我，說要用這個跟我換東西，我在工作室翻箱倒櫃，找了一包過期的辛拉麵給她，後來她還是吃得津津有味，但是邊吃邊咳嗽，因為太辣了，哈哈哈哈（好險沒拉肚子）。又有一次，我在人體素描課上畫了一個裸體的老阿嬤，有鬆弛的皮膚、超大的乳暈以及快垂到地上的胸部，後來送給了漢娜。隔天漢娜就拿了一個很小的大象公仔給我。其實這些

東西我們也不知道拿了要幹嘛，但就是收藏起來。

另外一次是我車了一條粉紅色千鳥格的百褶裙，漢娜試穿了以後很喜歡，她想要那條裙子。我當時掃視了一遍她的工作台，沒看到我想要的東西。我就跟漢娜說：「那妳講一個故事給我聽吧！」

於是漢娜開始講一個故事。她說：「小時候我媽不准家裡養狗，那時候我小學三年級。有一天我在路上遇到一隻流浪狗，我硬是把牠撿回家。我媽也沒辦法，就一直把流浪狗養在後院。但我總是會趁媽媽去買菜時，偷偷把狗帶到房間玩，媽媽不准，她覺得流浪狗很髒，嚴厲禁止這隻流浪狗踏進家門。」一邊說著，漢娜從手機找到流浪狗的照片給我看。

漢娜：「有一天，我趁媽媽不在家，偷偷把狗帶到房間玩。玩了一陣子後，傳來門打開的聲音。我心想完蛋了，媽媽怎麼突然回家。她的腳步聲離我房間越來越近，我當時還

在煩惱要怎麼把狗藏起來。結果我猛然回頭，狗狗在我房間拉了一坨屎。我想都沒想，直接用手把大便抓起來，丟到窗外，咻～砰～，接著我就把狗趕到房間角落，然後裝沒事，衝出房門跟媽媽打招呼。」

我：「妳沒有用紙包起來嗎？」
漢娜：「太趕了，沒想到。」

接著漢娜說，她跟媽媽在客廳相遇。

漢娜：「妳今天怎麼提早回來了？」
媽媽：「我有東西忘記拿了，妳手上怎麼髒髒的？」
漢娜看著手上深咖啡色的大便漬……。
漢娜：「那是巧克力醬啦！」

媽媽用質疑的神色看著她，漢娜當下慌了，於是就舔了一口巧克力醬，證明給媽媽看。

我張大眼:「所以……妳吃屎?」

漢娜:「對,哈哈哈哈哈!而且事後回想發現,我家根本沒有巧克力醬。」

我覺得用一條短裙交換這個故事非常值得,有時候交換東西不一定是要帳面上的價值,心理價值才是最重要的。

我畫了一個韓國歐巴給漢娜。

ChaCha 想說

人在異鄉，寂寞的時候，錢就特別不值錢。雞排便當＋珍奶，要價 40 塊美金（1,300 台幣），貴得離譜，明知道成本超不符合，也超出我的預算，但每次還是忍不住點下去，像是在訂閱一個昂貴的「台灣情懷方案」。

我吃的不是便當，我吃的是國小三年級下課後，巷口阿伯炸的油滋滋雞排，還有紅茶屋超級古早味的珍珠奶茶。每一口，都是家鄉的氣味，是我在美國再怎麼努力也無法複製的記憶。鄉愁這種東西，貴得要命，但情懷無價，所以我還是吃好吃滿。

Chapter 2

決戰時裝伸展台

只要有勇氣追求，任何夢想都能成真

　　國中的某天，我在家看電視，恰好轉到 TLC 旅遊生活頻道。剛好看到一個節目，有很多服裝設計師在做衣服，在工作室裡忙碌奔跑，還有很多高挑的模特兒在走秀，不知不覺我就把這個節目看完了。我當下覺得真的是有夠好看耶，而且除了做衣服外，選手還會吵架，時尚和抓馬一應俱全。

　　這個節目正是知名的服裝設計師選秀《決戰時裝伸展台》（Project Runway）。節目是全英語進行的，當時我還需要中文字幕才看得懂。從此以後，我每週日都會打開電視收看，還會看重播，甚至上網和大家討論。我總是目不轉睛地盯著節目，深怕錯過每個細節。我當時看完節目後，會在自己的繪本裡，把當集喜歡的設計畫下來，有時也會假裝自己是參賽者，在我的筆記本裡設計服飾，跟著他們一起比賽。

不過我最喜歡的設計往往都跟評審的品味不同，尤其和主持人 Heidi（Heidi Klum，海蒂‧克隆，是一名模特兒）的更是不一樣。

《決戰時裝伸展台》是一檔真人實境選秀節目，在全美選出十幾名參賽者後，每週都會有一個競賽的題目，參賽者要根據這個題目，從草稿、挑選布料到製作，親自完成服裝設計。殘忍的是，每週都會淘汰一個人，最後再選出一名冠軍，冠軍將會得到幾十萬美金、一台 Lexus 轎車、個人工作室和一堆贊助商的禮物。

在這個節目裡，透過選手的製作流程及評審的講解，你會學到時尚相關知識及培養時尚品味。這個節目目前最紅的服裝設計師是 Christian Siriano，他是第四屆的冠軍，以設計紅毯禮服聞名，現在已是紐約時尚圈的一線品牌。

從第一次看到節目後，轉眼間過了 7 年，我來到了美國唸書。研究所二年級下學期時，教授請了校友來分享設

計歷程，那堂課請到的是該節目的第一個聽障選手 Justin LeBlanc。在節目中他的作品很有實驗性質，他的服裝結合了 3D 打印模型，在當年是很前衛的設計。他在課堂上分享了自己在學校時的設計。其中一樣很有趣的，是他設計了一張超級巨大的毛茸茸沙發，然後一個裸體的女模特兒就坐在沙發上，接著 Justin 說這是一件衣服，打破了服裝跟人體的界線，是一個實驗性質很高的作品。他的出現，也喚起我小時候對這個節目的熱愛。

回家後，我立刻惡補了最新的一季。看著看著，我想說自己也許也可以參加節目。而且我想到有一季的冠軍根本不太會做衣服，那屆冠軍說自己是在上節目前兩個月才學的，甚至到節目上才第一次做褲裝（可是他的品味很受 Heidi 的青睞）。總之帶著這點自信，我趕快上網報名，剛好年齡符合（23 歲以上）。不過因為離截止日只剩兩天，我立刻熬夜完成所有要求的項目，趕在截止日前把資料送出去。（大概回答了 200 多道題目，上傳大量作品，以及錄了一段自我介紹影片。）

一個月後,我收到來自《決戰時裝伸展台》的信件,製作單位跟我約了線上面試。不久後,我收到了實體面試的邀約。實體面試只在四個大城市舉辦,參與面試的人必須自己花錢飛去,好在芝加哥就是其中一個。面試當天,我帶著六件親自設計及製作的服裝,來到了指定飯店。過程其實很簡單,就是把我做的服裝展示給三位評審看,評審都是歷屆前幾名的參賽者。另外還會跟製作人單獨有一個多小時的面

趕工拍攝作品集中。

不再裝乖,你的期待與我無關

試，這些全程都有攝影機錄影。我很感激的是，當時其中一名評審是 Mondo，他的風格也是比較怪奇，也熱愛使用各種顏色，面試時，我明確感受到他有懂我。

又過了一個月，那時候我忙著準備畢業秀，就在某天下午我收到了錄取通知！我當下開心到嘴角都笑到太陽穴，一個人無聲地在工作室裡跳舞。其實我真的沒想到會上，而且我直到被錄取後，才把我申請的事情告訴一些很親近的朋友和我妹。美國的節目非常嚴謹，錄取後不代表真的能參加，我還需要去做健康檢查，確保有可以承受節目強度的身心靈，一切確認完畢後，才能正式加入節目。

在節目正式開錄前，製作單位也派團隊來我家以及工作室錄製了一些素材，當時還有大陣仗的攝影團隊跟我去千禧公園錄一些我走來走去的畫面，彷彿我就是大明星。接下來的時間，我每天都在工作室練習縫紉技巧，每天都喜上眉梢但也非常緊張，因為沒想到有機會可以登上小時候最愛看的電視節目。

超模主持人 Heidi 在節目中常說：「In fashion, one day you're in, the next day you're out.」（在時尚圈，你才剛開始叱吒風雲，隔天你就被淘汰了。）

我只想大喊：「I'm in !!」（我來了）

因為我從小受到的教育多半是在貶低我，考卷上一直被扣分，父母也只會指出我哪裡做得不夠好，從來沒被稱讚過（我是說真的，我爸最常講的一句話就是「你這麼爛，就算出去做工，也不會有人要用你」）。所以我一直都很自卑，常常懷疑自己是否可以做到，即使自己的能力可以，我還是會因為這種心態，表現得比平常更差。

我總是對自己說：「這個機會不可能是我的啦！」但是這次我抱持著「反正試試看也不會怎樣」的心態，最後竟然達到目標了！

當時興奮到跟什麼都要合照。

ChaCha 想說
. . . .

經過這次事件我深深體悟到,心態是最重要的,只要相信自己,就一定有機會,只要有勇氣追求,任何夢想都能成真。沒想到當年要靠中文字幕才看得懂的我,竟然可以參加紅遍全球的實境秀呢!

站在夢想前，
你還是當初的你嗎？

　　《決戰時裝伸展台》錄影的日子，就在我畢業展結束後幾天。打包好行李後，製作單位派人把我接走，搭上飛機，下榻紐約的一間飯店。才剛進飯店，製作單位就跟我說現在可以用一小時的手機，之後就只有早上及晚上可以用半小時，其他時間如果有急事才能使用。除了害怕參賽者作弊，更是要防止錄影內容外洩。這兩天我都被關在飯店房間裡無所事事，除了看電視什麼都不能做，好險當時有在播《與卡戴珊同行》，我才不會太無聊。如果想離開房間，助理會陪同，像是去超市買零食，都會有人跟著我。

　　第三天，參賽者們就需要拍一些宣傳素材，所以其實那天我就見過其他參賽者。但是製作單位為了要保有錄影的新鮮感，他們很嚴格，隨時都會在旁邊盯著我們，不讓我們聊

天，我們就像一群陌生人，坐著然後乾瞪眼。但有時候忍不住聊兩句，製作單位就會大喊「Hard ice!」（硬的冰），意思是叫我們安靜。不過我們可以在紙上玩圈叉或賓果。我們還會比手語聊天，因為就真的太無聊了。連續幾天都在拍素材以及接受專訪，大概自己住了快一週後，節目組有一天突然說晚上要開始錄影，那天錄的正是第一集的開場。

當時我們每個人被關在不同的小房間，會由助理把我們分別帶到錄影現場。那是一個很大的攝影棚，是很紐約式的工業風。我一走進錄影現場，前面大概幾十架攝影機，數

第一集歡迎導師出場的畫面。

不清的工作人員以及亮到幾乎看不到前方的強烈燈光。參賽者會依序進場，假裝是第一次碰到彼此，拿著香檳邊晃邊聊天，我是最後幾個被帶進去的。這是參賽者們第一次能夠光明正大地講話。過了幾分鐘後，節目主持人 Heidi 以及 Tim Gunn（蒂莫西・麥肯齊・岡恩，也是導師之一）走了出來。兩位我從小崇拜的名模以及時尚大師就這樣出現了。

「Hello designers！」Heidi 和 Tim 以親切沉穩的語氣開場。其實我完全忘記他們當時講了什麼，他們對我來說就是兩顆超級閃耀的星星。看著他們，我就像是半夜被車燈照到的馴鹿，突然間僵在場上。尤其是 Heidi 的巨星風采，她一走出來的氣場，你就知道她不是一般人。Heidi 非常的耀眼、美麗，甚至彷彿自帶風扇，髮絲莫名地在空中飛舞，所謂的巨星，就是這個意思啊。我當下被兩位主持人震懾住。

「我上了 Project Runway 耶！」我內心興奮地呼喊著。眼眶微微地泛著淚，內心想著我走了多少路，才能夠站到你們面前。

Heidi 說這季節目會有一個反轉。接著一輛巴士開進現場，十幾名女性模特兒從巴士下來走進了錄影現場。這些模特兒的身材跟傳統在節目上看到的很不一樣。以往節目或是業界使用的模特兒都非常纖細高挑，尺碼大約在 0 到 4 號之間，但我卻看到很多尺碼超過 8 號的模特兒，走下那台巴士。

　　此時，Heidi 宣布這是多元尺碼的一季，每一集我們都會被隨機分配到模特兒，我們的設計必須因應她們的尺碼做改變。當時的社會風氣很提倡身體自愛跟多元身材，於是模特兒的尺碼從 0 到 18 號都有。前一秒我還眼眶泛淚，沉浸在實現夢想的美好，下一秒我開始緊張起來。因為我對於不同身材的服裝製作方式根本還不太了解，我不是科班出身，打版是我的弱項，我是半路自學，所以我當下根本就不知道該怎麼辦。我甚至在上節目前還暗自在心裡想，衣服不論怎麼做都無妨，因為只要模特兒纖細高挑，穿起來就會好看，而且我的優點是風格強烈，結果現在即將大吃屎。

　　舉例來說，在業界設計衣服我們都依照尺碼 0 到 6 號的

版型去做，6號通常被視為正常人的身材，像我待的時尚禮服品牌我們都做 2 號。從過往經驗，我只對於比較小的尺寸熟悉。模特兒的尺碼如果超過 10 號，身上就會有很多美好的肉肉，這些可愛的肉肉會以不同方式生長，可能胸部比較大、手臂粗細會不同、肚子的層次較為豐富等等，反正如果身上有更多肉肉，我們就需要更有技巧地去包裝她們。這時候就很考驗設計師的功力。

此時，反轉已經嚇到我了，緊接著公開了第一集的題目「紅毯服飾」。比賽規則是要設計一套可以出席紅毯活動的

我和導師 Tim Gunn 的合照。　　有人幫忙弄妝髮真是太美好了！

服飾，這個設計必須要反映設計師的個人風格，要把第一件作品當作是一個能向全球觀眾介紹自己的機會。於是參賽者們拿起筆記本開始畫，設計衣服。

錄完影已經半夜 12 點多，我們來到新的房間。這時候就像節目中演的一樣，我跟三個男生分到一間房間。當晚因為太累了，我們就趕快洗澡就寢。

ChaCha 想說

第一次被保母車接送、住進飯店，還有一堆攝影機圍著拍，感覺自己快要出道了！美食無限供應、編輯專訪、鏡頭閃爍，還有工作人員緊盯行動，生怕我們失控。短短幾天，我體驗了巨星待遇，也見識到他們的高壓日常，光鮮亮麗的背後，是體力與精神的極限拉扯。但說真的，當鏡頭對準我、燈光打下來的那一刻，我還是忍不住想：「這感覺，真的超級棒！」

大尺碼紅毯服飾

　　凌晨 4 點，有人大敲我們的房門，攝影組把燈打開，衝進來就開始一頓錄影。節日組把我們載到了 Mood fabric store，有看節目的人一定知道這間布料店，從第一集開始大家就在這裡採購布料，這間店甚至成為紐約的地標，裡面還有一隻超可愛的黑白法鬥 Swatch。我們必須在半小時以內，在店裡買到需要用來製作衣服的材料，金額也有上限。

　　進到店裡後我真的超級超級緊張，因為 Mood 超大一間，布料選擇超多，有選擇障礙的人千萬不能來。其實我根本沒有目標，反正就亂挑，後來才找到一款超級美的淺綠色布料，它還會微微透著美人魚的光澤，當然這麼精緻的布料價格一定不討喜。參賽者都用跑的，因為時間真的很趕，在半小時內除了要買到布料，還要買拉鍊、釦子等輔料，時間

真的不夠用！另外，切裁布料的檯子也有限，你還需要找到布店的工作人員幫你裁，走廊狹窄之餘，還有攝影師會扛著攝影機追著你拍攝。幸好我還是在時間內完成了購物，大家都超級狼狽，製作單位就是要你崩潰！

我們被載到工作室，接著就要開始製作衣服了。整個過程壓力非常的大，現在回想起來製作單位是故意的，例如故意不給我們睡覺休息、縫紉機台不夠、十幾個人用一間廁所等，總共只給我們不到 12 小時的時間製作衣服，這 12 小時還要加上錄個人口白和吃飯時間。一般的晚禮服至少要有一週的製作期，緊繃一點也需要三天來完成，12 小時就是戰鬥營，而且材料經費也有限。

另外一個壓力是來自於人台，人台是服裝設計師在立體剪裁時可以用來輔助的假人模型。由於這次模特兒旳身材迥異，然後製作單位也不在乎人台，所以這些人台跟模特兒的體態根本就天差地遠，在模特兒正式讓我們量身之前，對於身材只能用猜的。我記得在這些高壓下，我那天就是一直瘋

狂去休息或是拿可樂來喝,肥宅快樂水就是我的救贖。

　　我的創作靈感來自麥莉・希拉出席MTV音樂錄影帶大獎的造型,之前她就在這個頒獎典禮表演過,當時她穿的服裝有趣、古怪、前衛,跟我的風格不謀而合,我也非常喜愛她的音樂。於是我以當時麥莉的形象,搭上我自己的創意,設計出　件綠色蓬蓬袖洋裝,上面有粉紅色金屬光澤布料的荷葉裝飾。我非常喜歡這個設計,直至今日我還是覺得很美,完全彰顯我的風格。不過我的裁縫技巧還有很大的進步空間啦!

　　在我縫衣服縫到一半時,導師Tim Gunn出現在工作室。Tim除了是節目主持人,也是參賽者導師,會在設計上給予我們方向和建議。Tim來到我的工作檯,我把布料在人台上比劃,向Tim解釋我的理念。我內心期待著Tim可以給我很多指導,機會難得,我必須在他身上多學幾招。而且以過往的集數來看,他的建議時常可以拯救參賽者。結果Tim當時面露疑惑,他把手扶在下巴上,非常困惑。他就看著

我，我看著他，我們面面相覷。他就這樣盯著我的洋裝，體感上可能足足有 5 分鐘的時間，我們都沒說話。緊張的我求好心切地解釋，Tim 露出困惑神色，他說他不理解，但請我繼續照自己的方式做下去。

由於我就是非常喜歡自己的設計，因此便繼續照著計畫執行，而且我還比大多數的參賽者提早完成。當時的另一名參賽者是帥氣可愛的白人男生 Brandon，他的工作檯在我前面，加上他的設計是上衣加下身，是兩件組，比較複雜，所以他還請我幫忙縫，我幫他縫了袖子跟一些尾端收邊的部分（當然這些節目組都沒有剪進去）。

打完收工，回宿舍。

Tim Gunn 正在給我建議中。

ChaCha 想說

這季有刻意放一些很懂大尺碼的參賽者,他們本身就專精大尺碼服飾,但大多數參賽者其實都不太會做這類的衣服。期間我跟一些參賽者在休息時抱怨這件事情,主要是針對人台、模特兒數據以及評審規則。譬如說設計師如果配到超大尺碼的模特兒,節目就會多讓這些模特兒和設計師表現,這樣才能展現大尺碼的意義,而且這個不是抽籤,是節目組分配的。另外一個不公平的例子,就是我們去買材料時,每個人被分配到的金額一樣,可是 2 號模特兒使用的布料跟 18 號模特兒怎麼會一樣,這也是有欠公平的地方。

另外，我自己覺得好笑的是，我們這季之後節目就沒有做多元尺碼了，我想說那麼愛做就認真做啊。拜託，其他參賽者私下都大抱怨模特兒有多胖，反而我就最衰，根本沒講什麼然後被網暴。起因是我在節目上抱怨人台的尺碼和模特兒不一樣，然後我用了 fat 這個字，可是我在使用這個字的語境時，是表達我自己也 fat，而我認為我們都應該擁抱這個 fat。我在自己的部落格都鼓吹大家愛自己耶，我並不覺得使用 fat 這個字有問題。可能當年才 24 歲，是個有點倔強和叛逆的人。

後來第一集播出前，製作單位緊抓這點來宣傳，大量的新聞媒體瘋狂播放，說我在節目裡批評模特兒胖，但完全不是我的意思，我是被惡剪的。不過我還是為了我的失言公開道歉，只能說使用語言的方式真的要小心！還有我當時太天真，如果是現在，我才不會給他們把柄呢！

初生之犢大吃屎

砰！砰！砰！早上 6 點，攝影組再度破門而入，把我們全部挖起來。眼中佈滿眼屎的我都不禁懷疑，這是否為整人節目。早上我們只有 2 小時可以給模特兒試穿以及跟妝髮師討論妝髮，其實已經沒時間縫衣服了，只是拿來收尾用的。

我繼續幫 Brandon 做他的衣服。就在一陣忙碌之後，下午就要開始評選了。節目的進行流程是這樣：錄影現場有一個高挑的伸展台，是黑色長方形的舞台，模特兒會穿著參賽者設計的衣服，輪流走台步。節目現場一邊會坐著評審，另一邊則是參賽者。大家的衣服輪流出現在伸展台，我覺得好開心，可以現場看秀，而且我還坐在紅毯禮服大師 Zac Posen 對面，我感覺這樣就足夠了。

有些參賽者很厲害，像是日本的 Kentaro，他的設計我就非常喜歡，簡約、優雅，卻有豐富的造型感。但也有參賽者的作品我很不懂，Sentall 用一塊很硬的暗金色布料，像是一個裝馬鈴薯的麻布袋套在模特兒上，整件禮服沒有任何褶子，拉鍊還車得亂七八糟。

　　看完秀後，我們又被送到小房間裡，然後一個一個被抓去錄個人口白。就這樣過了幾小時，到了揭曉成績的時刻。節目組會請 6 個人上台，這些人分別代表前三名以及後三名。我隨著 5 位參賽者一起被叫上台，旁邊站著我們的模特兒。走到伸展台上時，環顧我周邊幾個人，我內心想著「我一定是前三名，我的設計這麼可愛活潑又前衛」，內心還偷偷覺得有些人做得好俗好醜，我還想說那個金色麻布袋怎麼沒有上台，醜就算了做工也不行。

　　接著 Heidi 揭曉名次，我竟然是後三名。

　　雖然是後三名，我內心依然不氣餒，我覺得還是有人比

我更醜,譬如說屁股有一個大洞的灰色禮服,上面還有很醜的紫色蕾絲。評審開始評論我們的設計,我現在只記得 Zac Posen 說我選的布料很美,然後 Heidi 說我做的粉紅色荷葉裝飾很像髮圈。我自己是覺得像髮圈還是很美啊!後來這個粉紅髮圈評語還變成了一篇《柯夢波丹》的報導標題(真是感謝媒體對於第一集的關注)。接著,評審就在我的髮圈小洋裝跟另一件屁股洞灰色禮服之間,選擇淘汰我。

Heidi:「ChaCha, you are out.」(你被淘汰了。)

我當時傻眼到不知道該說什麼,我怎麼會第一集就 say goodbye 呢!其實在上節目前,我有偷偷想過自己實力不強,但再怎麼爛至少也要活到第三集吧!一回神,Heidi 已經走到我的眼前,跟我來一個再見的擁抱,啾啾啾,Heidi 親了我的左臉頰一下,再親右臉頰一下,以一個華麗歐洲人的姿態淘汰了。

Heidi:「Auf Wiedersehen.」(德語的再見。)

走下伸展台,回到工作室,腦袋一片空白,還沒機會整理思緒。我用了 TWICE 在〈Signal〉裡的愛心手勢,跟參賽者們說了再見。之後就被抓去錄口白和收東西的畫面。節目組真的很煩,他們把整個工作室的燈關掉,只留一盞聚光燈在我頭上,我就在悲傷昏暗的氛圍中收拾我的工具。其實我

被淘汰的那一瞬間。

原本以為我會哭，但是錯愕大過於傷心，完全沒哭。這段回憶像是一道從眼前快速經過的閃光，我被叫上台，Heidi 來親我，然後我就被淘汰了。

但在第一集就被淘汰也太糗了吧！這次事件真的是我人生最大的汙點，光是回憶這段過往我就想訂一張機票飛到波蘭，在一個小鎮的工廠裡灌香腸。我也很想要當勵志寶貝，一個從小被父母規範的孩子，掙脫枷鎖，最後來美國一舉成名。可惜沒有，我依然就是凡人，而且還是糗到最高點的那種。如果第三集才被淘汰，我覺得我會好過一點。

糗歸糗，我也學習到了一課，機會真的是給準備好的人（聽起來很老梗）。我感到非常後悔，因為這是我人生最大的舞台，我也知道這個電視節目可以為我帶來很多機會，但我卻沒有好好把握，我後悔自己做了那樣的設計，我應該要更符合評審口味，我後悔自己沒有在事前更認真準備，我應該要精進縫紉技巧才對。不過我還是很滿足，可以在短短的一週內，認識來自美國各地很有才華的參賽者，以及有機

會看到 Heidi 本尊。其實很多參賽者經驗都比我豐富，很多都有自己的品牌或是業界經驗，或至少比我多 5 年以上的資歷，也比我老，哈哈。

> **ChaCha 想說**
>
> 《決戰時裝伸展台》最大的賣點，就是要猜誰會得冠軍跟誰會被淘汰。所以我被淘汰後，還是要假裝跟大家一起去片廠，還被鎖在飯店好幾天，要喬裝才能跟助理出門（好像巨星）。過一陣子後，因為待在飯店沒事而且被淘汰的人越來越多，製作單位的人派一個小帥哥跟我一起在紐約逛街吃飯（他們怕我亂跑），其實也滿好玩的啦，我還指定要去喝紐約的網美奶昔，上面黏了一大堆糖果餅乾奶油，超級超級浮誇。（可惜不能拍照，當時不能帶手機出門。）

就算把我往地上丟，我也能立刻彈回來

　　我是一個愛哭鬼，從小被我爸臭罵和羞辱時，每次都會哭。接著他就會怒吼：「哭什麼哭！男生有什麼好哭的！」然後把零用錢砸在我的臉上。記得我在服兵役時，我跟鄰兵在玩彈額頭的遊戲，可是鄰兵彈得太大力了，我痛到兩行清淚落了下來，完全不知道我這樣要如何為國捐軀。我看女團選秀節目時，只要看到少女們為了夢想而奮鬥，也會默默地落淚，反而那個女生根本沒哭。

　　即使我超愛哭，但我到目前為止還沒為了上節目流下一滴淚，想哭卻哭不出來，第一個被淘汰是我一輩子的陰影。

　　從《決戰時裝伸展台》被淘汰，是一段酸甜苦辣的回憶。我在第一章提到我在研究所時，可說是意氣風發，靠著

自己做的藝術作品得到獎學金。但是來到節目後，就像是現實世界狠狠賞了我一堆巴掌，啪啪啪啪，我被《腦筋急轉彎》的憂憂搶到了主控台，控制了我的腦袋好一陣子。

　　強烈的挫折感讓我在節目結束後，飛到密西根的大妹家躺了好幾週，盡情地狂吃垃圾食物。我記得我可以一個人點一份 12 吋披薩、炸雞翅、可樂和熔岩布朗尼，然後在一個小時內，一個人把它們全部吃光光。吃完以後會因為太飽，陷入餐後昏迷（food coma），就會去小睡一下。醒來後，看個影集再來想晚上要吃什麼。有時候晚餐我會煮一大鍋日式咖哩，我妹會吃兩口，然後我就會把整鍋（約 5 人份）吃光光。我的體重朝 TLC 旅遊生活頻道的另一個節目《沉重人生》邁進。

　　《決戰時裝伸展台》在正式播出前，釋出各種前導影片及劇照。這時候在美國各大媒體都可以看到我的蹤影，《美麗佳人》美國版也有關於我的採訪，美國節目的宣傳真的沒在開玩笑的。當年台灣很流行「台灣之光」，所以也有台灣

的新聞媒體開始報導,強調有台灣人參加這個節目,真是感到驕傲等。我當時看到這些報導時就很想挖個地洞,自己跳進去,再親手把自己埋起來。到底要有多丟臉!我真的是糗到最高點!要是被發現我一秒被淘汰,不就要笑死人。

由於不能公開節目內容,我只能強裝鎮定地接受來自親朋好友的祝賀以及媒體的稱讚。甚至有台灣時尚媒體的高層特地傳訊息祝賀我。對我來說,我寧願吃一口屎或是撫摸蟑螂3秒鐘。

賽前採訪時我超級有自信,不料最後大吃屎!

面對挫折不需要勇氣，而是需要韌性。

在大妹家，我每天看 Netflix，在家《甄嬛傳》馬拉松，渾渾噩噩地度日。就在某一天，我收到了來自一個我在師大很崇拜的學姐的訊息，訊息寫著：「ChaCha，我真的很為你感到驕傲，不管你在節目裡比得如何，我都覺得你很勇敢，要是我，是永遠不敢去上這種節目的。」看到訊息的我，心裡暖暖的。對啊！失敗又怎麼樣，我人生還是要繼續過啊！我突然想起我來美國的初心，除了要逃離有毒的父母，我是來這裡追求夢想的，繼續倒在沙發上吃著辣奇多的我，是沒辦法完成任何事情的，只會越來越肥。於是，我當晚逼自己打開筆電，開始寫履歷，上網看看有什麼工作機會，下定決心要回紐約。

我投了兩週履歷都沒什麼下文，畢竟紐約這麼競爭的地方，工作也不是隨便都有。於是我聯繫了之前實習的 M 牌，先回 M 牌做時薪工作，幫忙設計衣服跟做一些打雜事務。搬回紐約後，我盡量省錢，靠自己努力存活。結果住在一間

超破的房子裡，地板斜到我腰痛，而且行李箱會自動滾來滾去，有一天客廳天花板還整個塌下來，外加上大漏水。（這還是一個台灣人租給我的。）

在 M 牌做服裝設計的工作，畫著設計稿、縫上美麗的刺繡、跟工廠吵架，這些點點滴滴，讓我對自己的能力又再次有了信心。就在這段期間，我還意外地得到了一個在紐約時裝週展現自我的機會。當時從被通知到展出，只剩下大概三週不到的時間，我結合一些之前做的衣服，完成了一系列共 9 套服裝。即使被淘汰，我還是成功地站上紐約時裝週。我還把大妹抓來，幫我的模特兒化時裝週的妝。

秀後，我在會場遇到一個美國男生，他說他很喜歡我的作品，在看了節目後追蹤我，然後特別來看我的系列，還跟我拍了合照。這些溫暖的力量，讓我走出失敗的深淵，也讓我再次相信自己的能力。

被粉絲認出來時,我還是很感動。

> **ChaCha 想說**
>
> 面對挫折,心理彈性比勇氣來得更為重要,韌性是讓你遇到挫折及失敗時,能夠重新振作起來的能力。我們活在這個世界上,不可能一路都順風順水。最重要的是,能夠在一次次的逆境中,再次站起來。有了這次經驗,讓我後來在面對失敗時,能更有韌性及彈性,現在的我像是一顆彈簧球一樣,誰把我往地上丟,我都要立刻彈回來給你看!

為夢想摔過一次，
總比一輩子悶悶不樂好

　　節目首播當天，製作單位在紐約東村的酒吧舉辦了一個派對，邀請了住在紐約的設計師以及模特兒。派對當天，我很開心地跟大家拍照、吃東西、敘舊。我們一起坐在沙發上看首播，大家就在歡笑聲中看著。播著播著就來到要被淘汰的前夕，我在廣告時間假借上廁所的名義，偷偷溜走。我真的真的真的不敢面對自己被淘汰的樣子。我那時候從東村競走到 soho 區，隨便去了一家甜點店買了蛋糕和馬卡龍，回家阿姆阿姆的一口氣全部吞下，以發洩我的心頭之恨，因為這是我的人生之恥。此刻，只有食物可以排解我的傷悲！

　　不過，節目還是有帶給我一些好處啦！節目播出後，我開始收到各種媒體邀約採訪，社群媒體上的追蹤者也越來越多。其中，我還收到一個很有趣的採訪，是來自美國的飲食

文化雜誌，我除了在訪問中表示從甜點獲得很多設計靈感，還去了我在紐約喜歡的幾家甜點店拍攝，好吃又好玩！當然台灣也有一些媒體採訪我，我還幫《Vogue》寫了一篇專欄，後來還跟編輯成為朋友。

除此之外，我還接到節目番外篇的演出邀請，節目組邀請我和兩名參賽者，一起比賽幫狗狗做衣服。老實說，一開始我也不知道是幫狗做，等到錄影當下才知道這次的模特兒是狗，我從來沒幫寵物做過衣服，現場再度崩潰，哈哈哈哈！不過富貴險中求，絞盡腦汁後，最後做了兩件華麗法式風的狗衣服，而且上面還有假的手手，非常可愛。

美食雜誌的報導。

節目結束後我還跟這季的冠軍，即日本男生 Kentaro 成為好朋友，我常常去洛杉磯找他玩，他也會來紐約。那時 Kentaro 有機會在洛杉磯時裝週辦秀，他也會拉著我一起參展，我參加了兩次秀，真的很好玩。Kentaro 還會帶我去同志夜店玩，我們會站在大喇叭上跳舞，而且那邊有很多大肌肉猛男，他們會穿緊身三角褲晃來晃去，然後我們會拿錢塞進他們的內褲裡，超級超級 high！後來我們在工作上也算是有緣分，我在高跟鞋品牌上班時，就有協助《美麗佳人》的跨頁報導，當時就是 Kentaro 的設計配上我們家的鞋子，也是很溫馨啦！

當時我的作品名稱是「瑪麗皇后」，超級華麗。

不過後來我在紐約的時尚產業求職時,這個節目經驗對我一點幫助也沒有。完全沒有品牌是因為我上過節目而雇用我,我甚至去某超級大牌面試時,還被經理認出來,然後跟我討論,因為他覺得我不應該被淘汰。雖說如此,該經理還是在這個職位上淘汰我了,真是諷刺!

後來想想,即使因為這個節目讓我在美國的大街小巷被認出,實際上對核心上流的時尚圈來說,它只是綜藝娛樂,並不會因此讓我的履歷加分。當然,也可能是我超早就被淘汰啦!其他的參賽者在節目結束後,也沒有人到主流時尚產業上班,大部分都是回到自己原本的工作。像是冠軍Kentaro,還是在他的補習班教別人做衣服,黑姐姐還是經營自己的牌子,就是夢一場。

很感謝 Kentaro 當時邀請我參展，才有這些珍貴的照片。

ChaCha 想說

節目結束後一年，我交了一個男朋友（噓），白人，小我 6 歲，一開始在交友軟體 match 時，他還以為我是假帳號，因為他在節目中看過我，他說看節目時就很喜歡我。好好笑，好可愛，他真的很帥，完全我的菜而且頭很大，我愛大頭。可惜交往 4 個月後他就不愛我了，哈哈，水瓶座真的不要碰！

> 同場加映

節目上一堆瘋子

　　《決戰時裝伸展台》在選秀時除了要有強烈的風格、很好的縫紉技巧及作品集外,還要找窮人,他們特別在選秀規則上備註,參賽者不能有超過某個金額的服裝事業,年薪也不能太高。可能因為這樣,我們才會更努力去拚那個獎金。節目組還很重視另一個點,就是要有自信。我發現每一位參賽者都可說是「世界第一有自信的人」,大家都覺得自己是時尚大師,而且會得到第一名。就在這樣的氛圍下,節目內會出現很多把自己看得很重要的人。

　　某次晚餐前,助理說他覺得我們前幾天都大魚大肉,所以晚餐想訂素食比較健康。當時助理在講時,只有我跟幾個小 gay 在旁邊,我們便同意他的想法。到了晚餐時間,我們去取餐時就在公共區看到大量的素食漢堡。

這次參戰的有蘿莉塔姐、穆斯林姐及黑哥哥。

　　正當我在挑漢堡時,看到怒髮衝冠的蘿莉塔姐對助理大吼:「為什麼這全都是素的?」
　　助理:「我想說這樣比較健康⋯⋯」
　　蘿莉塔姐:「你他媽給我們吃這種垃圾,我要吃肉才有能量。」

　　蘿莉塔姐氣到臉變成紅色的,額頭上的青筋都快爆炸了。後來她還跳針狂罵髒話,狂罵好幾聲後,她拿起桌上的一個素漢堡,朝助理的方向扔去。雖然沒打到他,可是漢堡散落一地,然後就用力甩門離開現場,脾氣非常大。

　　再來是黑哥哥抵達戰場,他也發現了素漢堡。

　　黑哥哥指著助理破口大罵:「你怎麼會訂這種東西給我們吃?」
　　助理解釋:「我想說這幾天你們吃太多,吃點素食比較

健康⋯⋯」

黑哥哥:「那你現在是逼我吃素嘍?你有什麼資格強迫我吃素?你是我媽媽還是爸爸?你現在逼迫我吃素,那我就逼迫穆斯林姐吃豬肉!」

黑哥哥怒指一旁正在吃素漢堡的穆斯林姐姐,她當場嚇呆,漢堡掉在地上,然後直接哭著跑了出去。後來助理只好趕快再訂一批有肉的食物,安撫民心。

人在高壓下都會變得很奇怪,但我更覺得是大家的自尊心很高,總覺得自己才是最棒、最厲害的設計師,每個人都要跪著捧他們,他們才會爽。不過也正因為這樣,參賽者才會在節目上吵架,容易討厭彼此,這樣才有看點!

比賽時留下的合照。

ChaCha 想說

節目還有很多抓馬的橋段，譬如雙胞胎直接拿自己身上穿的衣服來打版，算是違規抄襲。還有一個參賽者一直想跟我睡，一直抓我的屁股，我就不跟大家說是誰了，哈哈哈（很愛吊胃口）。

Chapter 3

紐約時尚圈的日子

主動出擊，才能得到機會

我從小的夢想就是來紐約的時尚產業工作。說起來非常老套，但我也是一直想跟《穿著 Prada 的惡魔》裡的小安一樣，在紐約找到屬於自己的一席之地（這部電影我至少重看了超過 50 次）。我還記得第一次到時代廣場（Time Square）時，內心大豬亂闖，肚子裡的蝴蝶紛飛，澎湃到不行，我忍不住跟一旁的朋友說：「這就是世界的中心！」我非常浮誇，也在第一秒愛上紐約。從此種下我想在紐約生活的種子。

研究所一年級下學期，第一次去紐約是旅行回到芝加哥後，我開始投履歷，希望能夠在暑假時到紐約生活。紐約的時尚實習工作很競爭，我有一位女同學她大學就讀倫敦藝術大學，履歷可以說是比我好非常多。為了把握在大品牌實習

的機會，女同學特地飛去紐約面試（而且是沒有支薪的）。結果後來也是落空，沒有得到這個機會。眼看好幾個同學都在實習的過程跌跌撞撞，我就想說，天哪，只是要一個實習也太難了！

一開始，我的履歷一直石沉大海，投到懷疑人生，甚至都沒有任何回音。我想說：「哈囉，請問職缺都是假的嗎？」連一封拒絕信都沒有。不過，在夙夜匪懈地投遞一個月之後，終於開始接到幾通電話面試，若要我現在回想，我只能說我就是亂講一通然後做自己。當時的我就是一個愚蠢小白兔，沒有特別準備，也沒有特別做功課，履歷也是自己隨便打的，甚至沒有上 YouTube 學習面試技巧。當時如果問我：「你最大的弱點是什麼？」（What is your greatest weakness?）我可能會說：「我最大的弱點是薯條，我每次都一根接一根停不下來。」（十分的誠實。）

雖然幾次面試未果，但我覺得有縫就鑽，保持正面態度，至少有機會跟大品牌的人資講到話。某天，我收到來自

M 牌的信件，信中寫著週五下午電話面試。跟其他拒絕我的品牌一樣，我收到信的時候有點麻痺了，但又**覺得興奮**，我引頸期盼這天的到來。到了週五下午，原訂 3 點，我等了又等，就是沒有等到電話。我寄信提醒面試官，也沒收到回音。於是來到週末，我就想說好吧，只能再接再厲。直到下週一中午，面試官才回信，她說上週五太忙，想跟我約週三再面試，而我當然是說好！

到了週三，面試官再次不見，我內心想說「Hello？」即使我是個卑微小蝦米，你也不用一直放鳥吧，是不是渣男？到了週四，面試官又跟我約週五。我真的真的真的覺得，好煩喔，時間一直改，比渣男更渣。同時間，我收到來自 R 牌的拒絕信，於是我想說好吧，我就繼續跟你耗。到了週五，一樣是 3 點，面試官繼續人間蒸發，我寄信提醒也沒有回音。我真的不知道她的心態是什麼，可是我又覺得這個機會難得，再加上之前被拒絕好幾次，這樣下去我暑假只能躺著廢，或是回台灣被我父母親臭罵至死。

於是過了一個多小時,快 5 點的時候,我受不了了。我拿出平常對付已讀不回我的渣男的態度,也就是奪命連環 call,不見到我愛的男人我不罷休!然後我就打電話去 M 牌,由總機開始轉接,最後終於得到面試官的回應,她說她太忙了徹底忘記。當下直接在電話開始面試我,其實她也沒有問多難的問題,非常隨性。面試官問的其中一題是「你為什麼想來 M 牌實習?」我第　次認識 M 牌是因為大 S 結婚穿他家的婚紗,以及講了一堆女明星在紅毯上都穿他們家的禮服,把我對 M 牌的愛形容得非常浮誇。我甚至脫口而出:「我覺得你們的設計師真的是太美了,我真的超愛她。」面試官竟然還脫口說出:「你真的很搞笑。」

　　電話面試大概只有 15 分鐘,滿短的。到了尾聲,面試官問我有沒有什麼問題。我突然想起她之前的渣男行為,一直放鳥我,我必須趁她在線時得到一個答案。

　　於是我頓了一下就說:「請問什麼時候會知道我有沒有錄取?」

面試官也停了幾秒,接著說出:「你錄取了,你5月什麼時候可以來上班?」

在經過一個多月的投履歷折磨,各種拒絕之下,我真的太興奮,內心大尖叫!我直接說:「Oh My God! 感謝妳,我不會讓妳後悔的。」然後她大笑後就說要去忙了,之後會再跟我聯繫。

就這樣,一個英文為外語,從副熱帶小島來的台灣孩子,得到了在紐約的第一份工作!

其實我真的很感激能來 M 牌工作,才有這些珍貴的照片!

ChaCha 想說

主動出擊,機會才會來找你!如果想要到達彼岸,總不能指望有船剛好路過,得自己拿起槳,奮力划過去。過去的教育讓我對「積極爭取」這件事有些畏懼,總覺得只要默默努力,金子終究會發光,機會自然會找上門。但來到美國後,我才發現,金子會發光沒錯,但如果埋在地底,沒人挖出來,誰會發現?

老實說,可能在美國有種「反正也沒人認識我」的心情,於是更敢主動爭取,機會果然變多了。這讓我深刻體會到,「積極主動」(highly proactive)不只是企業重視的特質,更是美國職場上的生存技能。

努力推銷自己，才能出圈

　　五月來到紐約後，我下榻在華爾街附近的公寓，開始夢寐以求的小安生活。第一天上班，我特地穿著新買的襯衫配上一件刺繡外套，華麗登場。我來到位在 33 街附近的一棟工業風大樓。進到公司，眼前的畫面就像電影一樣，一桿一桿的禮服，高挑的模特兒和忙碌的設計師來來去去。

　　主管 Erika 介紹了一個臉非常非常臭的女實習生 Allie 給我認識。Allie 在這裡已經一學期了，她是來自紐約上州的白人女生，深棕色的長髮，鼻環還有刺青，再搭配寫著「生人勿近」的無敵臭臉（Resting Bitch Face），超級難相處。Allie 交代幾句話以後，就繼續做自己的事。我其實有很多問題要問，可是她看起來隨時都在瞪人。

第一天，我呆坐在座位上一個上午，主管很忙沒空理我。到了中午 12 點多，主管抱著她的約克夏說要去做瑜伽，然後就走了。我繼續坐在位子上，用筆電裝忙，因為沒事做真的很糗。

我一度無聊到盯著 Allie 看，內心想說原來這就是紐約女人啊！她轉頭瞪了我一眼。

Allie：「你在看什麼？」
我：「沒事⋯⋯」
下午 1 點多，Allie 跟我說話：「你如果要吃午餐，可以自己去買回來吃。」

午餐後，是有工作要讓我做嗎？於是我鼓起勇氣，走去問主管 Erika，有沒有需要我幫忙的地方。Erika 說：「那你去整理倉庫好了。」於是她帶我到超級大的庫房，裡面有近十年每一季的秀款服飾，全部都用透明的服裝袋包起來。我留在那邊整理，檢查每一件禮服是否有問題，我一直偷偷且

認真地端詳每件服飾的細節，都太漂亮了，手工、面料、剪裁都非常精緻，怪不得一件要價1萬美金以上。實習第一天就這樣結束了。

原來這就是在紐約的時尚產業實習啊，雖然很單調，但老實說能夠生存在這個環境，我就心滿意足了。接下來的工作，除了繼續在倉庫裡面打滾，簡直越來越跟時尚沒關係，譬如說買咖啡、跟老闆的女兒玩、遛老闆和主管的狗，簡單來說就是打雜。

我向朋友抱怨：「他叫我遛狗耶！而且還要確定狗大完便才能回來。」

我從原本對於時尚的嚮往，到後來覺得很挫折。我想說我大老遠從台灣來這裡工作，唸了碩士班，竟然要我當保母？我認真有幾天下午都在跟老闆的女兒玩，我們拿一些副料做美勞作業。真的好搞笑。

第三週,我感覺自己沒什麼貢獻。於是我跟主管二度自我介紹,我說我有各種能力,很會經營社群媒體,我也會縫衣服。結果主管說:「老闆等等要進來,你現在去幫大家買咖啡。」

然後主管就寫了長長的一條單子要買哪些口味,紐約人對咖啡的調味很有執念,像是土管的咖啡要更多肉桂粉,還要2％牛奶,更多的奶泡,香草糖漿只能壓一下,不寫下來我真的記不住。抱著8杯星巴克回到辦公室,我繼續坐在位子上發呆。

下午,我在位子上裝忙,主管突然匆匆地走過來。

主管:「ChaCha,你會縫衣服對吧?」
我:「當然,我是唸服裝設計系的。」
主管:「好,你現在去倉庫拿這三件禮服燙好,帶去 The Plaza Hotel,拿給 Kate Hudson(凱特・哈德森)。」
我:「等等……你說 Kate,《新娘大作戰》的那個

Kate？」

主管：「對，時間來不及了，拿去以後請她試穿，把要改的尺寸標好再帶回來。」

我：「好。」

等了兩週多，終於有一個正常的任務。我扛著禮服來到了 Kate Hudson 的超級大套房，Kate 素顏在敷眼膜。我像是在拆一個很寶貴的禮物，將三件禮服緩緩拿出來，然而我的手其實抖到不行，這可是《絕配冤家》的女主角耶。Kate 快速看了看禮服後，臉上露出猶豫的表情。

Kate：「你覺得哪一件比較好呢？」

我：「綠色的，很襯妳的頭髮和眼睛。」

Kate：「我也這麼覺得。」

於是她試穿了這件，我根據她的身形，用安全別針稍微別了一些修改的細節。回公司後，我立刻把禮服送到裁縫室修改，1 小時內再衝回去給 Kate。任務順利完成，幾天後也

看到 Kate 出席李奧納多辦在歐洲的慈善晚宴上，且穿著這件禮服出巡。

才幾天，主管又衝過來說需要協助。因為 Katy Perry（凱蒂·佩芮）等等就要搭飛機離開，晚上需要主管、我跟裁縫師一起去她的飯店。因為這次是坎城影展的紅毯禮服，所以格外重要。我們就在公司待到晚上 9 點，才一起去飯店。好在 Katy 在試穿時，禮服很剛好，只需要快速把一些玫瑰花瓣縫死即可，於是我們平安回家睡覺。

隔幾天早上，主管把我叫進辦公室一起看電視，我們一起看新聞播報 Katy Perry 穿著禮服走紅毯，並且被選為前三美的報導。我感到與有榮焉，非常的感動。

因為在這幾次展現了能力，後來我就常常負責這類型的跑腿，在緊急時刻送禮服給不同的時尚媒體、造型師或是明星。也因此接觸到很多明星，像是 Blake Lively（布蕾克·萊芙莉）、Chrissy Teigen（克莉絲汀·泰根）、Beth Behrs（貝

絲‧貝爾斯)、Paris Jackson(芭莉絲‧傑克森)。雖然說不是什麼太厲害的工作,但總是比撿狗大便好。

我和主管 Erika 的合照。

> **ChaCha 想說**
>
> 做人不要謙虛,我是說真的,在美國打滾這幾年,我發現要勇於展現自己才可以得到機會。你要主動跟其他人講你的豐功偉業,積極表現自己的才華。什麼曖曖內含光和謙虛根本就不重要!美國人從小被稱讚到大,就算他實力很爛,也會覺得自己最棒。哪像我從小被父母罵到臭頭,被父母看不起,所以我一直覺得自己很爛。不要怕,我們一起努力推銷自己的能力吧!

看似光鮮，但突發狀況一大堆

身為一名時尚小助理，有一次 M 牌在紐約的餐酒館辦了一場公關活動，我在現場招待媒體、有錢人以及時尚部落客。整個活動非常熱鬧，我看 Erika 整場到處奔波。此時門口突然來了一個男人，我看到負責帶位的領班露出不知所措的神色，於是快步上前去。眼前的男人戴著很低的帽子和墨鏡，身材極好。

陌生男人：「我想要進去吃飯。」
我：「不好意思，先生，我們今天有活動，所以餐廳不開放。」

陌生男人這時把墨鏡稍微拿下來，我和這個陌生人對視 1 秒後，我想說毀了。我：「對不起，你等我一下！」

我手刀在會場穿梭，找到我的主管，我也顧不了 Erika 正在跟哪個雜誌編輯聊天，立刻把她拉到前面。主管以一個出什麼大事的眼神看著我。

我：「休‧傑克曼在外面，他說他要進來用餐。」主管瞪大雙眼。
我：「沒錯，就是那個電影明星。」

於是主管快步走到櫃檯，我立刻在會場的一個角落清出一張桌子，我想說不管怎樣都要讓他進來用餐。好在最後他選擇外帶，當然我們買單。

這個行業很常發生這類不可控的因素，之前超模 Kendall Jenner（坎達兒‧珍娜）來我們品牌的辦公室試衣服，通常不論是 VIP 客戶或是明星，我們都是以最高規格接待。香檳、水果、小甜點，這些東西都在試衣服時會準備好，就是要給他們尊榮感。不過每次遇到的女明星，真的就是趕快工作，快速離開。但 Kendall Jenner 那天突然說她想

吃香蕉和奇異果，但我們就是沒有這兩樣水果。於是我趕快衝到附近的水果攤買，然後在公司的小廚房把香蕉切片，奇異果去皮切片，再端去給 Kendall。

以上都是可愛的小插曲，但也有不可愛的。

有一次在辦婚紗秀時，我記得我親自找了一間超過百年的甜點店拉杜蕾（Ladurée）辦活動，它是法國百年馬卡龍店。由於餐廳的庭院很歐風，我覺得跟我們的蕾絲婚紗系列很搭，於是向他們租借了場地。活動當天，模特兒們都穿著婚紗站在平台上，攝影師認真拍照，編輯們仔細端詳。我站在旁邊時，一名模特兒面有難色地叫住我。

模特兒：「我需要去廁所⋯⋯」

我二話不說幫她拎著她的裙襬，走到廁所。我原本想在外面等她，但模特兒拉著我的手說，她肚子不舒服，要拉出來了。天啊！她這件婚紗超級超級難脫，於是我趕快叫另

一名同事，我們兩個合力把裙襬拉起來，然後模特兒坐在馬桶上，裙襬真的太長，整個把模特兒包住。此刻這位來自東歐的模特兒就像是一朵純白色含苞待放的花蕊，只不過她下面開始狂ㄅㄨㄟˋ猛ㄅㄨㄟˋ，彷彿腸子都要掉出來了。臭味撲鼻而來，但我當下只想著「拜託！拜託！不要沾到婚紗」。之後的事情我就不多寫了，最後還是圓滿地收場，模特兒依然漂亮地站在伸展台上。

為了調整禮服，我們很常蹲著工作。

如何把衣服修改到合身,也是一門學問。

ChaCha 想說

說到時尚工作者,很多人不免俗地把這份工作跟五光十色的生活劃上等號,好像我們每天都在 party、隨時都很悠哉。我一開始也這麼以為,甚至衝著這點加入。可是當我開始在紐約工作後才發現,很多時候都是在醜陋中度過。我每天搬著大禮服在紐約市中心奔波,有一次還被鳥屎砸到,半夜在工作室縫縫補補,跪下來幫模特兒穿鞋聞臭腳,真的,在熬出頭之前都是苦力活。

不再裝乖,你的期待與我無關

Met Gala 時尚圈奧斯卡

　　Met Gala 是指「時尚圈奧斯卡」，在每年五月的第一週舉辦，是最盛大的時尚圈慈善晚宴。地點在紐約的大都會藝術博物館，每位設計師都會搭配明星一起出席，穿著最厲害的華服，展現自己的時尚品味。我在第一年時，有協助 M 牌跟科技公司 IBM 的合作，當時完成一套燈泡花朵禮服，由名模 Karolina Kurkova（卡洛琳娜・柯考娃）展現。這篇我要來分享第二年在 M 牌時，我們為英國歌手 Rita Ora（芮塔・歐拉）準備晚宴禮服的小故事。

　　在晚宴舉行前一週，Rita Ora 穿著棉衣棉褲和鴨舌帽，低調地來到我們公司，不過這絲毫無法掩蓋她的巨星風采。事前創意總監就已經溝通好服裝的樣式，我們也緊鑼密鼓地縫製。Rita 到了以後，我和資深設計師抬著禮服進去，她直

接在我們面前脫個精光（當然有內褲和胸貼），完全不害羞地套進禮服中。一穿上去 Rita 非常滿意這件禮服，巨型紅色蝴蝶結展現的解構設計和裸色魚尾裙，將 Rita 的膚色和身材襯托得完美無瑕。雖然看起來很優雅，但怎麼看就是少了一點東西。

Rita 用詼諧的語氣說：「我看起來像一個聖誕禮物。」
創意總監：「我們先試一下妝髮。」

其實我們也是有備案，萬一 Rita 不喜歡，也可以立刻改試其他禮服。我看到主管跑回位子上，吞了一顆抗焦慮的藥。接著美髮師靈機一動，提供一個新的髮型提案，簡單來說很像一頂泳帽，但這個泳帽是用剪成小片的白金色頭髮拼貼而成，非常的前衛。我立刻把他的想法畫下來，然後我們一致認為這可以中和目前像是聖誕禮物的感覺。

於是，Met Gala 當天，主題是「川久保玲」。早上處理完平時的行政庶務後，我就快速拿出設計總監的禮服開始整

理，殊不知肩膀上的一大塊裝飾竟然掉了下來，好險我手速快，立刻把它縫回去。接著我跟同事就搬著一堆衣服到達飯店（老闆 aka 設計總監都會跟明星一起出席，不會和我們一起）。

到了現場，看到化妝師正在幫 Rita 保養，髮型師在吹頭髮，然後把那頂前衛泳帽套在 Rita 頭上，接著把更多白金髮片黏上去。在現場試穿時，Rita 看起來就是大寫的華麗（GORGEOUS），像極了一樽超級美的雕像。不過我突然看到蝴蝶結上竟然沾到了一塊粉底液，我趁創意總監不注意時趕快跟裁縫師說。

裁縫師：「這很簡單啦，你去幫我拿 Vodka（伏特加）來。」

裁縫師用 Vodka 和衛生紙，輕輕地把蝴蝶結上的粉底液清掉。當下我也算是學到了一招。隨後 Rita 乾了一杯 Vodka shot，說要暖暖身子。最後，我們有驚無險地讓 Rita 和兩位

創意總監美美地走上了 Met Gala 的紅毯。隨後我們這些小螞蟻就是在飯店吃晚餐，一邊看電視的現場轉播。轉播差不多告一段落後，大家都離開了，只剩我和其他助理等待 Rita 回來，再把禮服抱回工作室。驚險又有成就感的一天就這樣結束了，感謝 Vodka，讚嘆 Vodka！

Rita Ora 準備出場前。

Rita Ora 當天的完美亮相。

ChaCha 想說

有時候我覺得在時尚圈工作很像在玩支援最前線，常常需要用特別的方法解決一些莫名的突發狀況。在這個世界，計畫趕不上變化，但變化才是唯一不變的事。剛開始我也會慌，但後來發現，與其害怕意外，不如學會擁抱它。這就是時尚圈的生存法則：即興發揮、假裝一切盡在掌握，然後用帥氣的態度走下去！

窩毀鎖宗文

有一次大家在辦公室裡閒聊，主管問我：「ChaCha，你是不是會講中文？要怎麼用中文打招呼啊？」

我用中文回：「你好。」
Erika 揣摩我的聲音說：「NeeeOW？（尼凹～）」
接著 Allie 也嘗試著說：「NeOW？（尼凹～）」

我再次糾正她們的發音，可是就是改不過來。後來我又像是幼稚園老師一樣，帶著她們努力地唸。

Erika：「聽起來好像貓叫聲喔，NeeeOW？Meow？Meow？」結果辦公室其他人也此起彼落地喵喵叫起來，我可從來沒想過中文的你好跟喵喵叫這麼像。

Erika 一直知道我會中文，也知道我從小在台灣長大，但說實話，在沒有這麼關注的情況下，很多美國人還是常把台灣跟泰國搞混。誰叫泰國在美國那麼紅！我出國前遲遲未收到托福成績單，後來發現是寄到泰國，超級不專業。由於那一陣子剛好有中國熱，再加上范冰冰之前穿了 M 牌的禮服，在華人市場打響了名聲，Erika 才開始比較認真看待中國。

有一天，Erika 問我：「你知道 Ruby Lin 是誰嗎？」
我：「不確定，我查看看。」

我上網查了以後，發現是林心如的英文名字。

Erika：「Ruby Lin 有知名度嗎？我看她在 Instagram 上的追蹤者並不多耶。」
我：「她超級紅耶，是很多亞洲人從小看到大的女演員。」
Erika：「那 Ruby Lin 跟范冰冰，誰比較紅？」
我：「應該范冰冰在國際比較紅，林心如在亞洲比較紅。」

老實說我也不清楚，Erika 會提到范冰冰，是因為她在坎城影展穿過 M 牌的禮服，讓 M 牌打開中國市場。接著我就打開微博給 Erika 看，我說微博才是華語女明星真正的戰場。林心如當時在上面擁有 8,000 萬粉絲，數量跟她的 Instagram 天差地遠。

Erika 嚇一跳地說：「所以她是亞洲金‧卡戴珊嗎？」
我：「話也不是這麼說⋯⋯」

接著 Erika 說她收到中國造型師的信件，他們想要跟我們借禮服出席典禮，但她不確定要不要借給她，因為 Erika 很顧及品牌形象，她跟中國市場很不熟。於是我迅速地剪了一些新聞和她的影視作品給 Erika 看。Erika 點頭答應以後，由我負責當窗口跟中國造型師聯繫，最後成功讓林心如穿上 M 牌的美美禮服出席活動。

我因此多了一個新的業務，就是拓展中國明星市場。在短短四個月的實習期間，我成功讓白百何、趙薇、趙麗穎

以及 Angelababy 都穿上 M 牌的禮服。另外剪報也是我的工作，我要上網把明星穿著禮服的照片截圖，然後放在一個檔案裡。因此我也要翻譯中文新聞給主管看，這方面我只能說中文媒體的下標真的讓人很尷尬，例如「白百何華表獎深 V 封后，劉德華帥氣奪帝」，這個標題翻譯給 Erika 聽以後，她就很納悶為什麼要聚焦在胸部。

當時收集的靈感元素，後來都提供給總監參考。

我原本以為中文在美國用不到,但現在卻是把 M 牌推向國際化的方式。原來有些能力也許你會覺得沒有用,但是只要放在對的地方就可以發光。後來 M 牌在下一季的系列裡直接走中國風,我剛好發揮專長,結合《甄嬛傳》和《武媚娘傳奇》,收集好靈感和元素後,提供給創意總監。

> **ChaCha 想說**
>
> 說中文的另一個優勢就是在美國講話時,別人都聽不懂。我之前有一個網紅朋友在餐廳裡狂講自己的性事,但因為用中文,就不用怕冒犯到旁邊的人。講八卦和一些政治不正確的內容時也很適合用中文,反正西方人都聽不懂。
>
> 不過,有一次我在一家麵包店裡,跟朋友大肆批評麵包看起來很難吃,講到一半,白人服務生突然用很重的外國口音說了一句:「窩毀鎖宗文。」當下我們兩個傻眼,哈哈哈哈,趕快逃出這家店。

Instagram 是我的專長啊!

很多追蹤我很久的網友都知道,我來美國之前就有在寫部落格,後來轉戰 YouTube 和 Instagram。雖然 YouTube 是很多人認識我的起點,但我在 Instagram 的經營上比較得心應手,追蹤者跟互動率也都比 YouTube 好很多。那時候除了要為禮服奔波,主管也指派我負責 M 牌的 Instagram,當時有 100 多萬追蹤者,我每天都要想內容,還要拍照 po 文。

我當時覺得超過百萬追蹤者是很了不起的事,但老實說我們做事很陽春。Erika 說這裡有一台公司的相機,你就帶模特兒出去拍拍照,然後寫文案。有時候只是拿飾品去花園拍照,比我想的簡單很多。但我自己也覺得這種成本很低的經營也不錯,畢竟美感才是這些照片的重點。為了當薪水小偷,我都帶模特兒去一些喜歡的地方,譬如趁機到 Soho

區，那裡的建築很有風情，還可以用公費買冰淇淋來拍照（吃）。有時候拍照的還不是模特兒，很多時候就是跟身材比例比較好的實習生去拍照。

有一次，我跟模特兒兩個人到布萊恩公園拍照，旁邊的紐約公立圖書館前有一個噴水池，是一個很出片的景點，同時還能看到復古建築以及摩天大樓，剛好是古典和現代風格的交織，是 M 牌在設計上的精神。穿著蕾絲小禮服的模特兒在布萊恩公園擺起 pose。接著有一個臭臭黑黑髒髒的流浪漢，向我們靠近。

流浪漢：「女王一個。」
我：「是。」

接著流浪漢就跟隨我們到處走，但身為紐約人我們不以為意，其實我們不理他後，流浪漢就消失了一陣子。我們拍了大概半小時，也差不多了，後來坐在公園的椅子上檢查照片，這時候流浪漢又突然出現，他站在模特兒前面，手拿著

一個樹枝和野花做成的東西，形狀類似一個空心的鳥巢。

流浪漢：「一個女王，需要她的皇冠。」他將手上的空心鳥巢也就是皇冠，戴到模特兒頭上。模特兒閃了一些，我們迅速把東西收走然後竟走離開。流浪漢錯愕地站在原地。

流浪漢吶喊：「妳永遠是我的女王！」真是一個怪奇的體驗，可惜我沒拍下來，不然就可以成為 M 牌的流量密碼。

當時真的很常去外拍，當作經營 IG 的素材。

ChaCha 想說

M 牌其中一個創意總監 G 姐是演員起家，後來轉行為設計師，她是一個非常漂亮的英國人，完全不亞於模特兒們，而且她又成功又有錢。她那時候想要開始好好經營自己的社群，於是只要她進公司，我一定要抓時間幫她拍照。有一次我們在外面拍照，G 姐穿著黑藍的洋裝，指著一個路邊的垃圾桶，說要在前面拍。

我說這樣好嗎？G 姐說：「這樣看起來比較親切。」我到現在都覺得超怪，怎麼會穿著自己設計的 1 萬美金洋裝在垃圾桶前面拍照，這樣對銷售好嗎？好好笑喔，我想這就是有錢人想裝親民時會做的一些詭異行徑吧！

時裝週生存記

紐約時裝週最主要就是一年兩次，春夏及秋冬。在9月中之前，我們就馬不停蹄地開始準備。這時我已經是正職的服裝設計師了。創意總監會先給我們一個大方向，然後我們這些員工再去從主要的靈感延伸。我會畫很多設計圖，再讓創意總監淘汰篩選，最後會跟裁縫師一起合作，完成不同的造型。

「小心！妳會勾破洋裝的！」我突然大喊。一名來自東歐的19歲女模特兒，粗魯地穿上一件深紫色刺繡洋裝。距離紐約時裝週不到一週，我正在幫模特兒們fitting，以確保衣服合身，並分配誰應該穿哪一件。接著兩位創意總監就進來了，我們全部人坐在工作室裡屏氣凝神，模特兒用走台步的姿態出場，兩位創意總監火眼金睛地盯著每一套禮服。當

展示到某件拖地禮服時，高挑纖長的模特兒走出來後，她竟然摔了一個狗吃屎，她摔傷就算了，竟然撕裂了整件裙襬。我衝上去把她扶起來，餘光看到其中一位創意總監 G 姐深吸了一口氣。

她看向模特兒，再看向我。
G 姐冷淡地說了一句：「修好它。」
我：「是。」

我把模特兒的洋裝脫下來後，模特兒只剩胸貼和丁字褲，另一個同事把她帶到角落，我迅速把禮服拿到裁縫室給裁縫師修補。後來這個模特兒就再也沒出現了。接下來，我回到工作室繼續在旁邊做筆記。之後又有一件洋裝出問題。

G 姐：「這個粉色不好看，我不想要這個顏色，可以換成深藍色嗎？」
同事：「那個⋯⋯我們可能沒有時間了。」

G 姐持續皺著眉，現場氛圍低迷。我突然想到在紀錄片《Dior & I》學到的一招，於是我立刻舉手說：「還是我們用噴漆噴成深藍色，再看效果如何。」於是 G 姐同意了，我衝去美術社買了深藍噴漆，改了顏色。G 姐十分滿意，算是有驚無險地又度過了一關。時裝週前是好幾個加班的夜晚，我跟同事都在趕工，把珠珠縫到衣服上，以確保每一件禮服都能達到創意總監的要求。

　　到了時裝週當天，非常忙碌，因為場地只開放兩個小時準備，所以一切都很緊繃。我跟同事們一大早順好所有禮服後，直接把一桿一桿的衣服放上貨車，直接跟著貨車到會場。到了後台，我們要一個一個幫模特兒 check in，妝髮也準備就緒。我四處奔波，都在忙一些奇奇怪怪的瑣事，創意總監們則是忙著被採訪。就在秀要開始前 15 分鐘，所有模特兒都已經就定位。正當我在後台數著順序時，我發現有兩個模特兒穿錯禮服了，簡單來說 A 穿到 B，然後 B 穿成備用禮服。我當下傻眼。

我：「妳穿的是什麼？前幾天不是彩排過了嗎？」

模特兒 A：「他們叫我這樣穿。」

　　心臟噗通噗通跳，我手刀衝刺找到創意總監，創意總監說服裝完全沒有更動啊。於是我趕快請模特兒換下來，再衝到化妝室的角落找到被遺忘的 Look#7 禮服，有驚無險地讓她們成功換好。

現場真的很忙亂，後台也都是人。

在空檔時間跟看展來賓名模可可‧羅恰（Coco Rocha）合照。

ChaCha 想說

雖然現場超忙亂，但我也成功學到一些關於時裝秀的小撇步。由於 M 牌也有自己的飾品、包包、鞋子，在模特兒上秀穿高跟鞋前，我們會用剪刀或美工刀把鞋底劃出紋理，再用定型液去噴鞋底，這樣模特兒走路時比較不容易滑倒。

瘋狂亞洲富豪

週一早晨，G姐這天很早進辦公室，把下午的會議提前到早上。

G姐：「華納兄弟正在拍一部電影，其中一幕很重要的場景要使用我們的禮服。」

於是我們看了造型師的 mood board（情緒板，即彙整情緒和創意的展示工具），得知電影是改編自《瘋狂亞洲富豪》這本小說後，就開始找幾件當季的禮服供造型師挑選。造型師說這件禮服必須有出淤泥而不染的感覺，這個場景要展現出新加坡富豪的有錢、華而不實及反派親友，但是女主角卻可以清新脫俗。場景有大量綠色和植物，所以也希望女主角像蓮花一樣，濯清漣而不妖。

在一週多的來回後，造型師決定選三件禮服試穿，我們是可以直接提供各種顏色讓對方選，只要染得出來都可以做。過幾天，女主角 Constance Wu（吳恬敏）就來到工作室試衣服。

我和同事把三套禮服拿進了工作室，Constance 正在有說有笑地聊天。把禮服拿給她時，我默默地說了一句「我很喜歡妳演的《菜鳥新移民》（Fresh Off the Boat），身為亞洲人，我看了很有共鳴」。Constance 說：「這就是為什麼我喜歡我的工作。」

Constance 試了其他兩件，我們都覺得還好。當她穿上水藍色禮服時，在場的我們都覺得很美，我直覺地想應該就是它了。

Constance：「我感覺自己被這件禮服活生生吃掉了。」（I feel like I'm being eaten alive.）

她以幽默又不失禮貌的語氣來形容。由於禮服是大量的紗做成，再加上原本的版型是以西方人的骨架來製作，就算已經改成她的尺寸還是有些不合。

G姐：「確實，妳說得沒錯。」

G姐端詳了一下後，決定把兩隻袖子都拆掉。拿掉後，禮服看起來更加清爽，更能呼吸，也更突顯Constance的美貌。擺脫了剛剛衣穿人的災難，而是讓人和衣服合而為一！

在《瘋狂亞洲富豪》上映後，這件禮服出現在最令人屏息的一幕。劇情是有錢朋友在新加坡的教堂結婚，在新娘走向新郎時，潺潺流水漸漸佈滿整間教堂，場景充滿許多華麗的熱帶植物，再搭配貓王的歌曲〈Can't Help Falling in Love〉，這是至今我仍覺得絕美的場景。此時鏡頭聚焦在男女主角身上，兩個人對視的時候，彷彿世界上沒有其他人，愛意全寫在眼裡。

看過電影的人都知道，這是《瘋狂亞洲富豪》的經典場景，女主角優雅但又表現出堅韌的態度，這件禮服是女主角的 Cinderella Moment。在電影上映不久，禮服訂單大爆滿，甚至有些比較有創意的家長，也縫了這件衣服給孩子穿。

　　之後，由於《瘋狂亞洲富豪》是近 25 年來，由亞洲人主導的最大製作，並且是浪漫愛情電影類中，近十年內最賺錢的項目。因此在 M 牌的捐贈下，這件禮服被美國國家歷史博物館收藏，作為紀念。

電影中女主角穿上禮服的出場時刻。

後來我去新加坡玩，也特別去電影裡舉辦世紀婚禮
的讚美廣場朝聖。

ChaCha 想說

我不知道自己有沒有辦法成為什麼了不起的人，但能夠在這麼重要的時刻參與這件禮服的製作，真的覺得是一輩子都值得紀念的事啊！電影裡女主角是一位年輕的大學教授，後來驚喜發現帥哥男友其實是個超級有錢人。我心想：欸，我也是大學教授啊，那請問我的豪門寶藏男孩到底什麼時候要出現呢？月老拜託加點班好嗎？另外，我已經下定決心了，等到我結婚的那天，一定也要像電影裡的婚禮一樣，走紅毯的時候放〈Can't Help Falling in Love〉，直接浪漫到我自己大飆淚。

時尚惡魔的標準

我在紐約做過的另一份工作是時尚公關,公司位於川普大樓,在中央公園旁邊,是整個紐約最繁華的中心,俗稱第五大道那一區。每天去上班就像在演影集,走路莫名有風在吹。主管喬治娜是品牌的公關行銷總監,她底下就是我和白女 Kyla。喬治娜是一個來自義大利的白人女生,長得很漂亮而且非常纖細,就像是從電影裡走出來的女明星一樣。

我剛入職是冬季,下著大雪的 1 月,喬治娜會穿著超級大皮草外套,手提愛馬仕柏金包,腳上踩著自家的高跟鞋,戴著大墨鏡,快步走進辦公室。此外,她也把自己當電影女主角。她住在公司附近的上東城,每天走路來上班。總而言之,喬治娜就是我一直幻想可以成為的那種人,她就是穿著 Prada 的惡魔。表定上的工作時間是早上 9 點到晚上 6 點,

但我實際上在公司的時間是早上 8 點到晚上 7 點，沒有午休時間，中午也是趕快在位子上吃一吃那種。我和 Kyla 一定要比她更早到，並且先處理好一部分的事情，等她抵達以後才能匯報給她聽，下班也要比她晚走才行。

雖然我不是最機靈的人，但我還算是可以做事的人。喬治娜對於事情的標準有著個人堅持，才工作幾天，我就開始被狂罵。事情是這樣的：有一個時尚編輯寄信跟我要鞋子，當時我在忙其他事，所以半小時後才回覆。喬治娜發現後，把我抓去辦公室罵，她一邊尖叫一邊說：「你到底會不會工作啊？你這樣耽誤到編輯，我們以後就沒有曝光機會。」還有一次喬治娜請我去倉庫找一雙鞋，我找了比較久一點，喬治娜就說我是不是因為太胖，動作才這麼慢。

有天快下班時，喬治娜跟我說 Lana Del Rey（拉娜・德芮，美國歌手）穿了我們家的鞋子出席活動，她請我去網路上抓幾張照片傳給她，她自己想看。於是我就在 5 分鐘內迅速完成任務。喬治娜看到照片後，把我叫到她的辦公桌旁。

喬治娜對我大吼：「你照片這樣傳是什麼意思？」

我顫抖地說：「這些就是我收集到的 Lana Del Rey 的照片。」

喬治娜：「你每張照片的命名都沒有邏輯！邏輯！這樣我要怎麼看。」

我：「所以妳是希望照片名稱除了人名外，還要包含時間跟媒體嗎？」

喬治娜：「對，你做事情不能這樣散漫，這樣公司要怎麼運作。」

我：「我想說妳只是想看一下，所以──」

喬治娜：「不要頂嘴，趕快回去重新寄給我。」

回到座位後，我就想說這女的是神經病嗎？又不是要建檔或傳給客戶，不就是妳自己想看一下嗎？反正這件事之後，我不管在哪裡工作，都會顧到這個瑣碎的細節，也算是學習到一課啦。總之，我每兩天就會被喬治娜臭罵一次。我每週都會做一份公關行銷報告傳給全球的分公司，如果檔案比較大就會被她罵。

喬治娜：「你的檔案太大了！」由於我在報告中需要放很多彩色的圖片，檔案偏大是在所難免，喬治娜就是很痛恨檔案太大，搞得我常要用網路上那種有病毒的免費壓縮網站，先處理過才能傳出去。然後她還會嫌圖片不夠清晰。

另一次印象深刻的被罵是在紐約時裝週。中午時公司就訂了午餐，由於我自認為是最菜的人，確實也是，於是我就拿了沙拉，想說幫忙發給美國部門的人。才發了兩個人，就被喬治娜看到。

喬治娜就一邊拍手，一邊用挖苦的語氣說：「ChaCha，你真是 A-M-A-Z-I-N-G！」

我當下睜大眼睛，想說我又做錯什麼事。喬治娜接著繼續用諷刺的語氣說：「你是服務生嗎？你真是 Amazing，你真是一個很會服務的服務生。都時裝週了，你必須要專心在自己的工作上，而不是到處打雜，這樣公司請你來幹嘛呢？」

我跟她道歉後，拿了我的沙拉回到位子上邊吃邊做事。剛好這次時裝週我在指揮各個模特兒時，順手撿起地上垃圾，結果平板不小心掉到地上。這時聽到背後有人在拍手，抬頭一看，喬治娜再次露出那個臭婊子的嘴臉，接著說：「Bravo! ChaCha，你真是比專業還要更專業。」跟喬治娜工作真的是水深火熱，我真的是沒事都要被唸幾句。我在這個工作任內被喬治娜搞到壓力山大，每天狂喝公司免費的可樂，狂吃公司的零食，後來胖到 96 公斤（我 173 公分）。

　　大家別小看喬治娜罵人的程度，在我進公司之前有偷偷上網搜尋過她，發現她之前跟 Nicki Minaj（妮姬・米娜）互罵到上新聞！

這是我們工作時的鞋櫃，總是有滿滿的鞋子。

ChaCha 想說

喬治娜也算是一個奇怪的惡魔老闆，只要是休息時間她人就很和善。有一次中午，大家坐在一起吃午餐，同事 Kyla 抱怨自己最近胃不是很好，越來越瘦。

喬治娜聽完就說：「妳永遠不夠纖細，妳永遠不夠有錢！」她說這是她的座右銘，96 公斤的我立刻抄下來，奉為圭臬。其實我當時的座右銘是「Eat fries, don't exercise!」（吃薯條，不運動！）哈哈哈。喬治娜真的很瘋，平常我為了因應白人文化都是吃雙份炸雞凱薩沙拉，然後她都只喝兩杯超小杯的濃縮果汁，有時是一小碗湯跟兩片蘇打餅乾。每天吃得跟老鼠一樣，難怪那麼瘦！

某天下午，喬治娜疑似心情很好，突然問我要不要吃零食，我說好啊，接著喬治娜從冰箱裡拿出小小的生蘿蔔給我，我真的覺得這零食很讚，BRAVO！

不再裝乖，你的期待與我無關

在混亂中保持優雅

「Chop Chop！你們給我把鞋子擦亮一點！」喬治娜一邊拍手一邊大吼著，接著她繼續打電腦。我跟實習生 Maddie 在辦公室到處奔跑，把所有拍照的東西打包好。這次是要拍攝我們品牌的季度形象廣告，而模特兒是世界級的名模 Bella Hadid（貝拉・哈蒂）。Maddie 正在燙我們準備好的衣服，而我正抱著兩個鞋盒。突然我瞄到 Maddie 拿著掛燙機要燙一件麂皮外套，我大叫：「Maddie, NOOOOO！」立刻制止她愚蠢的行徑。

Maddie 是一個來自康乃狄克州的大三白女學生，目前就讀紐約時尚設計學院。當初我面試了很多人，覺得她看起來個性最好，於是用了她當我的實習生。不過開始工作後，我發現 Maddie 是一個很ㄎㄧㄤ的女生。有一次我請她去跟造

型師把我們的鞋子拿回來，我打開她帶回來的包裹，發現竟然是別的品牌的高跟鞋，我真是苦笑。此外，我們品牌有一個管理樣品的系統，某次 Maddie 竟然把系統內某季的鞋子資料都刪掉，好險我及時發現。

某天早晨，我跟 Maddie 開始整理 Bella Hadid 拍攝要用的服裝道具。我們大包小包的上了一台 Uber，到攝影棚後，我跟 Maddie 把東西都拆開來，開始清點樣品。我發現東西疑似不對勁，後來發現，這次的明星商品金蛇高跟鞋，竟然兩隻都是右腳。我重看手機裡的照片，發現少了一個袋子。

我：「Maddie⋯⋯」
Maddie：「是。」
我：「為什麼妳包了兩隻心腳？左腳在哪裡？」
Maddie 指著我們出發前拍的照片：「在這個咖啡色的袋子裡，我想說左右分開包⋯⋯」
我：「等等，咖啡色袋子好像不在現場。」

快速翻找後我詢問：「妳負責的那袋高跟鞋是不是忘在 Uber 上？」於是我速速聯繫 Uber 司機，可是基於 abcd 理由，花了十幾分鐘聯繫到，但司機已經前往華爾街那區。

我：「這是司機的電話，他說他下一站會到世界貿易中心，妳半小時內趕到，然後把鞋子拿回來。」

Maddie：「是。」

我腦中浮現如果鞋子來不及到，我會被喬治娜臭罵至死的畫面，而且 Bella Hadid 很貴，這個樣品也很貴，而唯一的兩雙都在那個袋子裡。在焦慮跟壓力的迫使下，我跟 Maddie 說：「如果妳沒在 30 分鐘內回來，妳就不用回來了。」

接著，超模 Bella Hadid 抵達攝影棚。

這是我第一次見到 Bella Hadid，以前在照片上看時，她就是一個氣場非常強大的模特兒，桀驁不遜，光是一個眼神就可以把人殺死。拍照當時她才 23 歲，就已經是名模界的

It Girl，走遍各大高奢品牌及四大時裝週。她身材比例超級好，是巨星卻透露著一股少女氣質。她聊天時就像是普通的美國高校生，非常親切可愛，完全不會難親近或大頭症，甚至還在講她昨天晚上追的劇、吃的零食。

Bella Hadid 的妝髮是往上勾的貓眼、瀏海、高馬尾，妝髮師正在做最後的調整，我在一旁跟她對今天的拍攝細節。原本我們第一 cut 就要拍金蛇高跟鞋，但我換成別的，因為我真的很怕鞋子回不來，此時我的實習生 Maddie 還在外面奔波呢！由於怕主管喬治娜臭罵我，我跟她說是 Bella Hadid 想先拍其他款式當作熱身，再來拍金蛇，所以主管也不會多說什麼（但我很怕ㄅㄧㄚˋ康）。

這次服裝則是高衩內搭配上騎士外套，非常帥氣又性感。當攝影師一開拍，Bella 立刻一秒從鄰家高校生變身電眼名模，冷酷的臉龐超級上相，當下我被這個女生的專業給震懾住！配上她的超級大長腿、古銅色肌膚，更加彰顯鞋款的特色與力道，把我們品牌的鞋子演繹出另一種層次。好在

拍完兩套後，Maddie 氣喘吁吁地回到攝影棚，她說紐約大塞車，所以她直接下車跑了三個街口。最後，總算是有驚無險地讓 Bella 穿上我們家的美鞋。

Bella Hadid 拍出的美照。

ChaCha 想說

這次的經驗讓我深刻體會到，職場上最寶貴的技能不是完美，而是解決問題的能力。當壓力來襲，不是抱怨或害怕，而是動腦找方法、動腿解決問題——就像 Maddie 衝刺三個街口去拿鞋一樣。有時候，成功的關鍵不在於你多聰明，而是你願不願意拚一把，確保任務完成。

米蘭時裝週

在高奢品牌工作，基本上沒有平凡的一天，每一天都非常忙碌與奔波。我在工作前常幻想，上班應該是一個人負責幾件業務就好，但我待的高奢品牌辦公室都比較小，我得把自己當瑞士刀。我一開始在 M 牌上班時，優雅禮服也不是我的菜，我比較喜歡 Marc Jacobs 和 Jeremy Scott 的張揚風格，不過我後來的設計也開始受到 M 牌影響。來到高跟鞋品牌後，我一開始也對鞋子沒有研究，但現在也是越來越了解，可以一眼看腳就猜出尺碼。

米蘭時裝週就是從一個月前開始準備，要聯絡媒體並寄邀請函給編輯。再來，還要把我們的鞋子寄給會出席的名人及時尚網紅。除此之外，徵選模特兒也是重要的一環，尤其是要找腳和腿特別漂亮的模特兒。經紀公司會送來模特兒照

片,我們都會聚焦在她們的腿和腳,腳趾好不好看對我們來說非常重要!在米蘭時裝週前,我會把經紀公司送來的照片以彩色 A4 印出來,每一張上面都是一雙腳,連趾縫有沒有痣、關節上的毛都可以看得一清二楚。喬治娜對模特兒的腳可是很要求的,以下是她較為有趣的評論。

「這雙腳的血管太突出了吧?我們是在找解剖學教材嗎?」「她的腳趾是剛吵完架嗎?怎麼每根都往不同方向走。」「她的腳乾得像沙漠,我懷疑她連乳液是什麼都不知道!」

聽著喬治娜的評論,我忍不住在心裡偷笑。誰能想到,一雙腳居然能被挑剔到這種地步,而這一切只是我們為了打造完美秀場所要經歷的冰山一角。

到了米蘭時裝週的前幾天,我被通知因為預算縮減,出差時間被壓縮到只有短短兩天兩夜。我瞬間有種天塌下來的感覺,因為所有的工作都需要在這有限的時間內完成。我需

要在秀前核對賓客名單，還要處理美國編輯的需求。更令人崩潰的是，我還要帶著不少鞋子過去，還得隨時與米蘭總公司對接，保證所有流程無誤。

第一天抵達米蘭時，我連吃飯時間都沒有（更別說調時差），一下機就馬上奔向會場把珍貴的鞋款通通端出來，也進行最後的場地確認，包括秀場的燈光、背景音樂及模特兒的彩排。

第二天，在秀開始前的 15 分鐘，模特兒卡拉驚慌失措地跑來找我，因為她的高跟鞋後拉鍊居然壞了！這雙鞋可是本季只有一雙的款式，必須要出現在秀場上。我對鞋匠吶喊：「可以在 5 分鐘內修好嗎？」鞋匠拿起工具並拆開拉鍊說：「怎麼可能，它卡成這樣。」修了 5 分鐘後還是卡住，最後只好用強力膠黏起來，還黏了一部分在模特兒腳上。

此外，當時還有模特兒的腳趾甲斷掉滲血，我當場真的是要瘋掉，只能給她 OK 繃，然後請她換上本來沒有要上場

的球鞋款,改為坐著展演。在這一片混亂中,我竟然還要應對編輯和買手的臨時要求。有位美國編輯因為未收到邀請函而在現場暴跳如雷,我只能硬著頭皮安撫她,並使用安撫編輯的法寶,即「公關品」。我從後台拿出我們家的真皮手拿包送她,才讓她稍微緩和一點。

燈光漸暗,隨著第一位模特兒踩著高跟鞋走上伸展台,所有的忙碌似乎都得到了回報。接著一切都很順利,活動圓滿結束了。活動結束後我把鞋子收回,然後去了 GQ 的活動。原本我想著很累要回去睡覺,但是喬治娜一直鼓勵我多社交,至少有免費的華麗小食可吃。

派對上,我一邊端著香檳晃晃,一邊跟另一位 sales 同事聊天。後來在人群中,我突然被一個 30 幾歲且留著鬍子的帥哥叫住,他的鬍子是那種很乾淨的歐美粗獷落腮鬍。

鬍子男:「你怎麼也在這裡?」
我:「廢話,我在義大利的時尚品牌上班啊。」

鬍子男是我在紐約約會過的男生,但我們只約會過一次,後來他就不愛我了。但他還是一樣流露著壞壞成熟男人的氣質,而且他舌頭真的很靈活。

我:「我昨天才抵達,剛剛才辦完秀,現在看起來一定很狼狽。」鬍子男舉起手裡的香檳杯,輕輕碰了我的杯子:「狼狽?不,在我看來是光芒四射。」

在米蘭時裝週秀場留下的照片。

後來我們聊了一下就開始大喇機,狂喇到我同事後來先偷偷回飯店。接著就不方便多說了。隔天我只能說我腿軟得拉著一堆行李,搭飛機回到紐約。

> **ChaCha 想說**
>
> 我想分享一個讓人心碎又想翻白眼的現實——長得好看的男性工作人員在時尚圈真的很吃香!我有一個朋友很帥,然後被一個 E 雜誌社編輯在 Instagram 上搭訕,直接問他要不要去當實習生。但我平常工作寄信給他求品牌曝光,就要千拜託萬拜託,在活動遇到他,他也不理我,嗚嗚。不過也有很大牌的設計師到處性騷擾帥哥啦!像我還是只能靠實力了。

進可攻退可守的「How are you?」

我從小就很愛在上課時跟同學聊天,對我來說要一直講一些瑣事、八卦,可說是難不倒我。我以前上學常因為太愛講話,被老師排在教室最後面的位置。然而 Small Talk（日常對話）在美國是非常重要的能力,如果用得好,可以變成建立人脈的管道。

美國最簡單的 Small Talk 開頭,就是見到彼此一定要說「How are you?」不只是朋友同事,平常去買咖啡店員也會這樣問你。初期我就覺得很煩,你又不是真的關心我,而且我幹嘛回答你我過得好不好。到後來我都可以假笑回答「great」,展現出我的親切。「How are you?」就像是兩隻狗狗見面時要先聞聞屁股,先試探一下,再決定要不要跟對方當朋友。

「How are you?」也是一句進可攻、退可守的話。像是我在紐約的酒吧被搭訕時，就會有長得像聖誕老公公的白人阿公走來跟我說：「How are you?」然後我就會回他：「I am good, please leave me alone.」（我很好，請你離我遠一點。）

　　或像是某次我一個人在紐約大學布魯克林校區時，一名男大生走過來，他先打招呼說：「How are you?」我回答good後，他接著就說想和我共度一夜，問我是否可以。我說，你應該先帶我去吃頓晚餐，再提出這個要求吧！然後我就以競走的速度衝刺回家。事後回想，這位男大生沒有掌握好Small Talk的祕訣，他的talk太big，範圍太大了。他應該溫水煮青蛙，循循善誘，或是像其他男人一樣，慢慢關心我的生活再把我騙上床，來個射後不理，再也不回我的訊息。

　　喬治娜則是我看過最會Small Talk的人。剛開始跟她工作時，我們品牌辦了一個派對，參加的都是時尚業界人士。身為她的下屬，我的工作就是在她旁邊待命。就我一整天的觀察，我發現喬治娜口袋裡只有三個話題，川普大樓失火、

前一週的冰雪風暴,以及一個娛樂新聞事件。她跟每個人聊天,寒暄兩句後就會立刻帶到這些話題,這些話題剛好都非常適合聊天,也能讓業界人士發表觀點,聊錯了也無妨。她以此帶動氣氛,連結感情。話題稍微熱起來後,我就會遞出這次派對的小禮物和公關稿,然後喬治娜就會快速介紹這次的系列。接著,就會換去找下一個人。

我印象比較深刻的是,某次喬治娜在跟一位雜誌編輯 Daisy 聊天,聊得超級熱絡,談笑風生,喬治娜還記得 Daisy 前一週去巴哈馬玩,跟她大聊豬在海裡游泳的故事。聊完以後喬治娜就跟我一起往反方向走,接著她對我翻了一個大白眼後說:「Crazy Daisy!」我只能說我好崇拜喬治娜,不愧是公關達人兼雙面夏娃,連討厭的人都能跟她聊不停。

ChaCha 想說

Small Talk 的能力甚至可以延伸到如何交朋友。我之前在一個派對上遇到一名女生，這個女生非常熱情地自我介紹，一開始就說自己曾經在 G 雜誌擔任高位，然後一直說 G 雜誌非常需要我這樣的人，她跟裡面超級熟，有任何機會一定會請同事發我。後來我們成為朋友，結果 8 年過去了，G 牌從來沒有發過任何一個工作給我。

我後來意識到這個女生只是說說而已，她根本沒有能力給我工作機會。細想後，我就學會了一個新的能力，就是畫大餅交友法。從此我去社交場合，就會學浮誇美國人那一套，有時候聊天就會說：「對啊，我們品牌常辦活動，非常需要像你這樣的時尚達人！」整個做作到最高點，可是我講的其實也是實話，因為說不定哪天我們真的會需要你，只不過會不會實現又是另一回事。這就是一個很成功的 Small Talk 案例，既能留下聯絡方式，建立連結，也可以讓對方對你產生很好的印象。反正很多事都是說說而已，不用太認真。

大蘋果的滋味

「如果你愛一個人就送他去紐約，因為那裡是天堂。」

——《北京人在紐約》經典台詞

　　小時候我一直覺得自己很有想像力，可是紐約超越了我的想像，這是一個什麼都有可能會發生的城市。光是走在路上你會遇到華爾街之狼，轉角卻有落魄街頭的流浪漢，再往旁邊走會看到全身塗著顏料的裸體行為藝術家。地理上來說曼哈頓其實不大，不用一天你就可以走遍整個島。紐約每一個區域都很有特色，前一刻你還在《慾望城市》的凱莉家，過了兩條街就來到美國同性戀解放運動的石牆酒吧。

　　紐約的包容性很強，這裡的人懂得尊重不同，甚至可以說是見怪不怪，在這個城市我再也不需要擔心別人對我的指

指點點，我可以展現自己多元的面貌。我曾經跟一個男生出去約會，由於那天正好要去看一個時裝秀，所以我穿著超大薄荷綠毛毛外套搭配濃妝，一般來說應該是會嚇到對方，可是那個男生卻稱讚我的打扮，約會完還一直傳簡訊給我。

紐約是一個要你理直氣壯的地方。紐約人走路很快，大家總是趕著往某個方向前進，剛去的時候我因為步伐還沒辦法趕上，常常被路人撞，他們也不會管你，逕自地往前走。習慣以後我也是越走越快。此外，在這裡千萬不要感到不好意思，我想可能是儒家寶貝基因的關係，我常常跟人講話的起手式就是「Sorry……」可能是怕打擾到別人。剛開始工作時，我去主管辦公室也都這樣講話，立刻被主管糾正，主管說我沒做錯事，為什麼要道歉，這樣只會顯得很廉價。從此以後我就改掉這個壞毛病，決定當一個理直氣壯的人。

北漂的我當時的工作是在第五大道，可說是世界上最精華的區域之一。我的工作看似華麗，周旋在媒體、名人、造型師之間。但其實我住在布魯克林丹波區的分租公寓，我們

還把客廳用很高的衣櫃和床簾隔起來,那裡還住著另一名室友。這樣下來,我一個月還是要付 1,600 美元(約 53,000 元台幣)的房租,幾乎是薪水的一半(這還是通膨之前),且我的房間很小,但很溫馨啦。我每天要通勤 50 幾分鐘才能到辦公室,我做著朝八晚七的工作,且沒有加班費,因為時尚產業就是這麼血汗。太多人擠破頭想進來這個產業,導致底層員工都賺不到什麼錢,實習生甚至不支薪還搶破頭。

「如果你恨一個人就送他去紐約,因為那裡是地獄。」
──《北京人在紐約》經典台詞

隨著待在紐約越久,觀光客的濾鏡漸漸消失,我對這座城市產生生理性的厭惡。水泥森林讓我壓力大得喘不過氣,地鐵都是尿騷味,站在路邊就有老鼠跑過腳邊,還遇到一堆婊了,舒適圈無數次被打破。紐約真的很浮躁,加上我當時被節目淘汰,變得很憂鬱,很多時候心理狀態極差。我必須要非常努力,才能在這個城市呼吸到一口氣。如果我想靠自己有更好的生活,我需要非常拚,然而這麼競爭的社會,好

像不是最適合我的生活方式。

紐約打磨了我的身體和心性,我在這裡學會了獨立,經歷了各種挫折,我才越來越明白愛自己才是終生浪漫的開始。不管是友情或愛情,當我越渴望愛,我就越容易被當成籌碼利用。很多事情都只是消耗能量而已,反而讓我練就了無欲則剛的能力。在這裡,越渴望獲得外界的認同,我就越脆弱。我發現減少對外界的認可,才會收穫一個更自信、更充實、更強大的世界。

在紐約看似拍了很多美照,
其實我的內心五味雜陳。

聖誕節在布萊恩公園
喝超貴的熱巧克力。

隨時都要拿一杯咖啡
擺拍華盛頓公園。

第五大道和中央公園,
是我平常上班的地方。

不再裝乖,你的期待與我無關

ChaCha 想說

第一次來到時代廣場，我拖著行李站在廣場中央，被眼前的一切震懾住。霓虹燈閃爍得像是不眠的白晝，四周的遊客，每個人都仰望著巨型廣告螢幕，彷彿期待下一個奇蹟降臨。就在這時，一隻身穿廉價毛絨裝的米奇老鼠突然竄出來，張開雙臂朝我衝來：「Welcome to New York! Let's take a picture!」（歡迎來到紐約，我們來拍張照吧！）

我以為這是美國人民的熱情好客，於是跟朋友愉快地站在米奇老鼠旁邊，擺出比 YA 手勢。沒想到拍完照片後，米奇老鼠立刻從親切模式切換成黑社會討債模式，伸出絨毛爪子：「Tips! Tips!」（小費！小費！）

我愣住了，傻笑著說：「呃⋯⋯什麼？」

「Come on, bro. Support Mickey. 20 bucks!」（兄弟，支持一下米奇吧。20 元！）米老鼠語氣強硬，完全不給我猶豫的空間，甚至還用身體堵住我的去路。後來我交出 20 元美金保護費，從此以後，我學到了一個寶貴的道理：在紐約，免費的東西通常比貴的還可怕，尤其是來自時代廣場的米奇老鼠！而且這趟旅程中，我的相機在去看自由女神時掉到海裡了，所以這張價值連城的照片也消失了！

> 同場加映

遇到瘋子，就是要比他更瘋

紐約如果要說教會我什麼，那就是「管好你自己」（Mind my own business）。

紐約這個城市，龍蛇雜處，什麼樣的怪人怪事怪物你都會遇見。這裡也是一個大家都很自我，然後訓練你獨立的地方。走太慢就會被路人撞，然後跌倒了請自己站起來，站起來後，你還可能被推下月台，最後被紐約的地鐵輾死。（我是說真的，新冠疫情期間，亞裔面孔就常常被推下去。）

某次我和台灣女性友人 Annie 在搭地鐵，地鐵一如往常的又臭又噁。我們站著站著，突然一個高大的白男像是喪屍一樣，衝到了我們車廂中間開始大咳嗽。他的咳嗽不是那種清痰的，而是往死裡咳，像是要把自己的膽囊咳出來那種。「咳～咳～咳」這男的咳了至少 1 分鐘吧。

我跟 Annie 忍不住看他，一瞬間他跟我們對到眼。說時遲、那時快，這名高大的白男已衝到我們面前，除了惡臭撲鼻外，他用手指著我們狂罵，他對我們吼說：「You see me sick! You see me sick!」（咳嗽有什麼好看的！）然後邊吼邊咳，我們整個臉都被他的口水濺滿，真的超級噁。我們當下嚇到全身發抖，但旁邊的路人還是依然冷漠。到了下一站，我們立刻衝出地鐵，所幸這名瘋男沒有跟上。

還有一次我跟大妹搭地鐵時，一名戴著頭巾的非裔男子坐在我們對面。他突然發瘋，站起來指著我們 rap 了一段我完全聽不懂的東西，接著整個人惱羞成怒大吼：「I will kill you!」（我要殺了你！）我在這邊教各位面對瘋子的祕訣，就是呢，你要把自己化為一張沙發，沒錯！你要想像自己就是一張沙發，最好是 IKEA 裡面最普通、沒有人會試坐的那種，深咖啡色舊舊軟軟塌塌的。這樣你就會融入背景，瘋子就不會來煩你，屢試不爽。

回到正題，就在這名瘋子大吼要殺了我們時，我跟我妹

就幻化成沙發，直視前方但眼神放空，絕對不能對到眼。在他罵了整整 1 分鐘後，我們就裝沒事的站起來，慢慢走出地鐵，不過一踏到月台，我們就大腿夾緊，快速往前競走。裝沒事，也是對付瘋子的一個方法。

有一次我跟 Maggie 傍晚走在哈德遜河畔，走著走著，Maggie 突然消失在我的視線中。我轉頭一看，她的右手臂正被一名全身髒兮兮的非裔男子拉著，男子扯著她的手臂試圖往反方向前進。我大叫：「Maggie!」然後我就衝去拉她的左手臂。當下我跟髒兮兮男就像是在拔河一樣，只是這條繩子是 Maggie。我和髒兮兮男一度僵持，Maggie 一臉驚恐，甚至嚇到叫不出聲。我想說，不行我不能輸，於是一鼓作氣地把 Maggie 扯到我這邊，然後我們兩個就拔腿狂奔。

歷經這段腎上腺素瘋狂飆升的插曲後，我放聲大笑，Maggie 卻嚇得哭了出來，她說她差點以為要被拖走。我說：「妳一不小心就要去生混血寶寶了！」Maggie 笑了出來，我們最後搭上 Uber 到韓國城吃部隊鍋，而且要加雙倍起司。

紐約的瘋子實在太多了，我也曾在華盛頓公園的噴水池，目睹兩個裸男在中間打手槍給大家看，真的超級超級精彩，我原本以為是行為藝術，沒想到最後真的被紐約警察抓走。但不管遇到多少誇張的事情，從紐約人的態度和行為，我可以歸納出一個共同點，就是「管好自己就好」。像我這種很愛東看西看的人，就會一直被瘋子攻擊，這時就要拿出紐約人的態度「Mind my own business」，不要去管別人的瓦上霜啦！

> **ChaCha 想說**
>
> 有次我在路上遇到一名正在要錢的男子，而且他尾隨我走了兩條街，接著到達路口後，我真的受不了了，一直跟著我真的超煩。我靈機一動，蹲下來然後大聲尖叫，高分貝的「啊啊啊啊啊啊」，然後這名男子說了一句：「你這個瘋子！」（You psycho）接著轉身走了。哈哈哈哈哈，我只能說對付瘋子，你就是要比他更瘋！

Chapter 4

我居然變成美國大學教授

意外在美國大學教書

來美國這幾年，一切似乎都在我的計畫中，所有事情有條不紊地進行，但人生往往喜歡開一些預料之外的玩笑。某一年我的左眼生了一場病，起初只是小小的葡萄膜炎，沒想到經歷了三位醫師的誤診，其中一位甚至斷言我得了梅毒。這樣的錯誤治療導致病情惡化，左眼足足 3 個月看不見。這場病痛讓我重新思考人生，我問自己：「要不要試著過不一樣的生活？」

當時的我在紐約的時尚品牌上班，外人看來光鮮亮麗，但我的內心卻無比疲憊。每天在高壓的環境中運轉，靠美食來緩解焦慮，結果把自己的免疫系統搞得一團糟。於是，我決定離開職場，轉換跑道去大學教書。這個決定說來也很荒謬，當初是被逼著選讀台師大，畢業後也沒考老師，但最後

居然成了一名教師！這或許就是人生的有趣之處吧！

眼睛好了以後，我先去唸了博士班，在博士班期間才發現自己超級適合也非常熱愛教書。在博士班一年級開學前，我的指導教授丟給我兩本課本，接著她就讓我去教這兩堂課。當時我一頭霧水，我想說自己不是學生嗎？就算是助教，也只是做 PPT 跟打成績吧，沒想到真的是要單獨教課。

那時候教的兩堂課是「時尚設計入門」以及「時尚服裝畫」。我就是廉價勞工，拿著博士微薄的薪資但是要獨立教學兩堂課，每週我光是在課堂的時間就 10 個小時，簡直是太好用。不過我也在摸索跟教學中找到了興趣。我發現我很適合教學，教學就像是直播，我就是站在台上狂講話，想辦法寓教於樂。教學也需要創意，在各種教案設計上，我都在想各種實用、好玩又有娛樂性的活動和作業。總之，這方面我算是如魚得水。看到學生的成長，我也獲得滿滿的成就感。像是我輔導很多學生申請實習，後來學生有的進入 Vera Wang，也有在 Marc Jacobs 的（換我羨慕他們）。

讀博士班的這一年，我聚焦在消費者行為的研究，寫了幾篇論文都和行銷相關，因為我在人類行為上找到了興趣，也讓我從原本的服裝設計專業，開始轉換到比較商科的部分。博士班期間我也善用資源，我修了高等教育課程，學習如何有邏輯地完成課綱、大學教案及教學理論。這些都是我原本沒接觸過的專業。

　　博士班第一年快結束了，到了接近暑假時，我因為錢很少，如果繼續唸博士班不實際，於是決定要回紐約的職場上班。當時面試了一些時尚和藝術相關的工作，不過在找工作時，意外看到密西根的某大學在徵助理教授，主要是教時尚商品行銷。我當時只是抱持著試試看的心情，就隨意地投了履歷。殊不知我過關斬將，最後得到了助理教授的工作。其實當時我在紐約某個藝術行銷工作跟這個教職中掙扎，畢竟密西根是鄉下，但我後來覺得體驗看看好了，反正人生就這一次。

　　後來我被分在商學院底下，主要教的科目是行銷（品牌

管理、消費者行為）以及時尚（服裝史、時尚媒體）。有趣的是，這些剛好都是我在這一年博士班才攢出來的經驗，一切都水到渠成地實現了，就這樣我成為助理教授了！

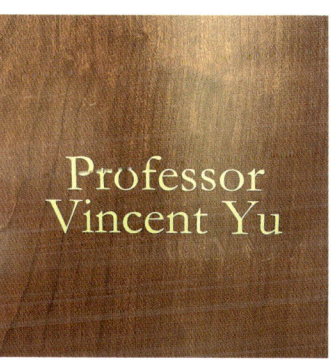

我的教授大頭照，及辦公室門上的職稱和名字。

ChaCha 想說

一年後我忍不住問系主任，當初為什麼會錄取我。我原以為是因為比起其他博士畢業，有多年教學經驗的老師，我比較便宜。沒想到她回答：「當時的申請者中，有許多擁有博士學位和豐富教學經驗的老師，但我們需要一位具有創意的人才，所以選了你。」這句話至今仍讓我充滿感動——原來，只要忠於自我，用心發光，你就是無可取代的珍貴寶石。

不想只是無聊地教課

教課真的沒有想像中容易,作為助理教授的第一堂課,我感覺自己像剛出道的練習生——台下坐著一群完全不認識的觀眾,他們都是美國的大學生,班上的男生甚至超過七成。我甚至連個可以依靠的經紀人都沒有,這真的是很硬的出道舞台!

第一堂課是「品牌管理」,課程表明明規劃了 1 小時 15 分鐘,但我居然在 40 分鐘內就把所有內容飛速講完了!因為我實在太緊張了,語速超級快。講完後,我腦中閃過一個念頭:「欸,大學第一堂課不都是講完課綱就下課嗎?」於是,我瞬間打定主意宣布:「下課。」說完還覺得自己特別從容,心裡想著,至少這次首演還算按照流程結束了。

教學對我來說，不只是站在講台上唸書中理論，因為我深知很多學生都不喜歡死板地聽課，而且現在學生的專注力下降，必須有不同方式將課程變靈活。如果是時尚相關課程相對簡單，譬如織品學，課堂中我們摸著不同材料，或進實驗室用酒精燈去燒各式纖維，本身就很有參與度。不過商學院的其他課比較多理論上的東西，於是我延伸課本及文獻上的題材，製作成一些課堂活動和作業。這裡就分享三個我在大學教書時設計的有趣教案，既好玩又能讓學生真正掌握課題核心。

「品牌管理」這門課說白了，不管產品本身的特質是怎樣，就是要讓學生理解品牌形象如何影響消費者的選擇。於是，我根據以前做過的實驗，設計了一個簡單又有趣的課堂活動──可樂盲測挑戰。當天，我請幾個願意參加盲測的學生上台。每位學生會得到二杯飲料，它們裝在外觀一模一樣的杯子裡，分別是可口可樂、百事可樂及混合版。學生要品嘗哪一種比較好喝，且還要猜出品牌。結果有趣的地方就在這裡，很多人平時信誓旦旦說自己只喝某品牌，但盲測結果

卻讓人跌破眼鏡,完全猜不出來。而且確實像 1975 年的實驗一樣,很多人在盲測時都認為百事可樂好喝,平常卻都選可口可樂。這個活動不僅讓學生哈哈大笑,也成功讓他們理解:品牌的影響力不僅來自產品本身,更來自消費者對品牌的情感與印象。

「零售管理」這門課的其中一段是在探討零售中的視覺行銷手段,如櫥窗設計、商品陳列和店內氛圍,會如何影響消費者的購買意願。這時我就想到一個有趣的教案,通常是在設計系或美術系才有的,就是用鞋盒來做櫥窗設計,學生必須動手玩創意,用美術材料去製作。學生們用各種紙、膠

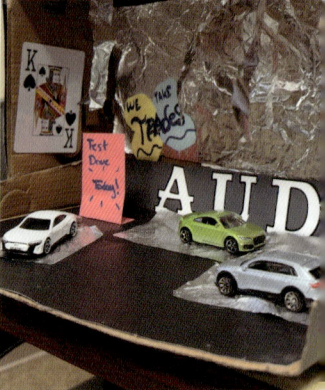

學生在試喝可樂,右邊這兩張則是他們的櫥窗作品。

帶、彩色筆，甚至用小燈串來做氛圍燈。一個個鞋盒從普通的紙箱變成了小型精品店、咖啡館，令我意外的是，很多學生是體育生，很不擅長做藝術，卻也端出像樣的作品。我覺得這個活動不僅學到書中知識，也能激發學生的創意。其實只要不是寫很多字的報告，作業他們都很願意做。

「應用領導力」則是學校請我開的實驗性課程，其中一個作業是要學生們成立一個社團，但不可以是學校已經有的社團。結果學生真的很天馬行空，有些人成立健走社，號召大家放下手機、走出戶外，一起探索校園附近的美景，也有人成立賭博社，就是大家一直用撲克牌賭博，還有狼人殺社等，我自己也覺得好玩又好笑。

> **ChaCha 想說**
>
> 我出的作業看似無厘頭，其實事先都有考究教育評量方法，學生必須完成一定的項目才能得到分數，而不是只要搞笑就好，是真的需要端出一定的成果才行。

在鄉下辦時裝秀

在愛荷華或密西根這樣的農村教授時尚課程，我發現學生對時尚的理解與我的視角大不相同。我是在 Alexander McQueen（由亞歷山大・麥昆所創辦的時尚品牌）和川久保玲的設計薰陶下，建立了對時尚的美學欣賞，而這裡的學生則認為 A&F（美國休閒服飾品牌）已經是時尚的代表了。所以在作業上，學生就會端出比較沒有創意的作品。

曾經有一份作業是要做一件洋裝，某學生就做了一件沒有任何特色的洋裝，就真的只是洋裝，再普通不過。我當時評論他的洋裝很普通，最後該學生到系主任那裡舉報我，她還順帶無中生有的造謠了很多事情。我當時就很傻眼，怎麼現在教授評論學生也不行，而且我明明是先稱讚她，說她都有照著標準做，做工也很好。可是這就像是寫作文，不是沒

錯字且內容有起承轉合就代表滿分,是否有好的論述、生動的情境,也是評分關鍵啊!

某次下課,該學生吐露對此事件的心聲,說著說著,她就落淚了,哭著說:「我成長的 20 年裡,從來沒有人說我普通,大家都說我獨一無二。」整個是 Drama Queen,最後我不僅安撫她,還給她很好的成績。總之這名學生後來很快樂,我感覺她只是想要好一點的成績才在那邊哭,但人家也還年輕,我就不計較了。

這間學校的時尚課程規模本來很小,只有我一個人教時尚,後來我覺得自己有必要做些改變。於是,我開辦校園時尚雜誌,讓學生可以從頭到尾參與製作。剛開始真的非常困難,因為每期雜誌需要規劃不同的拍攝主題、造型、妝髮、模特兒、地點、道具、攝影師及文章內容,最後還要將這一切製作成冊。那時,我甚至親自去拜託學校的公關室,能讓我使用高級紙張影印,然後手動裁剪、裝訂,才完成第一期雜誌。

此外,我也發起了年度時裝秀,同樣從學生的集結、造型設計、服裝製作、模特兒挑選到音樂和宣傳,都一絲不苟地準備。第一屆時裝秀當天,副校長特地來到後台向我握手致意。我謙虛地說這是學生的功勞,但她回應:「不,這一切都是因為你才得以實現。」

　　在這些過程中,我從幫助學生成長中獲得了巨大的成就感。我常戲稱自己是「農村時尚達人」,試圖啟蒙學生對時尚的想像。同時,我也希望為那些對時尚或藝術一無所知的學生,提供一個能在大學探索的平台。像我有一位商科的

校園時尚雜誌的內頁。

男學生，他是釣魚校隊成員，他原本是覺得我很好笑才選修我的課，但在製作雜誌時，卻展現了驚人的創意。他找了一處廢墟作為拍攝地點，搭建了營火，成功拍出如同電影《龍紋身的女孩》的震撼大片。而另一位主修犯罪心理學的女學生，因為修了我的課，對時尚產業產生了興趣，如今在紐約的時尚公關公司工作。

看到學生們因我的課程被啟發，找到新的熱情和方向，喚起內心創意的靈魂，是我最大的動力。這也常常讓我回憶起當年在芝加哥藝術學院時，那些教授是如何啟發我的，我也希望對學生來說，我能成為這樣的存在。

我在時裝秀上勉勵學生。

學生在時裝秀上的成果發表。

ChaCha 想說

這個時裝秀比我想像的更有威力！我也是最近才發現密西根的當地媒體都有報導，地方廣播節目也大力宣傳，甚至在 Yahoo 的新聞上也可以看到。其實我只是想讓學生有一個創意發想的空間，沒想到對學校來說也是另類的行銷手法。

吐司就是要烤到最焦才香

我常跟學生說:「做作品就要做到 120 分,就像烤吐司一樣,烤焦了才香。」這就是很荒謬又沒邏輯,但卻很真實。我覺得做作品時一定要全力以赴,不要怕太多,要盡力去做。

烤焦的吐司不僅象徵努力過後的極致,也是讓人記住的關鍵。學業、職場,甚至生活中的每一個挑戰,都值得我們用盡全力去完成,讓自己成為那片特別的「焦吐司」。這份理念,我希望透過課堂傳遞給學生,啟發他們追求卓越,勇於突破舒適圈。以下就是幾個關於「烤吐司哲學」的故事,希望也能讓你感受到「焦香」的魅力。

1 用短影音講品牌故事——別怕跳出框架

在「品牌管理」課堂上,我設計了一個作業,要求學生製作一支短影音,講述一個品牌的核心價值。我自己很喜歡實作,不過雖然是實作,還是會有理論和文獻去支持。剛開始,學生們的思路都很「保守」,模仿現有廣告的套路,平平無奇地介紹商品。我想說你們不是 Z 世代嗎?怎麼思想比我更保守無趣?

我看了一些他們的腳本後,我就對他們說:「你們平常不是很愛滑 TikTok 嗎?給我整點花樣出來啊!搞笑點!瘋狂點!讓我們看了想跪在地上狂笑,看了想轉發,這才是品牌故事啊!」

後來學生果然做出讓人驚豔的作品。我還記得那支影片的內容,畫面上一名男大生在學校奔跑,要趕去上某一堂課,背景音樂是《命運交響曲》。男子表情嚴肅,跑步動作僵硬,還小心翼翼地避開地上的水坑。他邊跑邊喘,突然

間──啪！男子華麗地被香蕉皮滑倒，摔了個四腳朝天，動作慢鏡頭回放，連臉上的表情都被誇張放大。字幕顯示：「當你用錯鞋子，運動就成了災難。」他的鞋子也莫名掉在遠方，接著一團迷霧出現，一名仙女（男學生飾演）拿出一雙慢跑鞋，然後套在男子腳上，男子瞬間以超音速在校園奔跑，在教授點名到他的前一秒抵達，字幕顯示：「再也不遲到。」這支短片雖然搞笑又荒誕，卻成功傳遞了品牌「挑戰不可能」的精神，甚至後來還被品牌的官方社群轉發。

2 用服裝來反映社會──從單一到多元，挑戰批判性思維

「服裝設計」課的某次作業，我讓學生設計一件能反映社會問題的創意服裝。剛開始，學生們的設計大多很單一，通常只是改良一些傳統的輪廓或材料。我說不行！！吐司要考到最焦才可以！！！！！我挑戰他們：「為什麼不讓服裝成為你的發聲工具？」於是，一名學生選擇了美國醫療保健產業作為靈感。他用醫療帳單做成布料，拼接出一件「高訂

禮服」，肩膀處裝飾著巨大的金錢符號，腰部則纏繞著破舊的繃帶，還有用紅色的壓克力顏料當作血液，象徵產業對弱勢病患的剝削和利慾薰心的現實。另一名學生則以「七宗罪」為主題，設計了七套服裝，每套代表一種罪，像「暴食」就用過度的材料堆砌出臃腫效果，「貪婪」則以大量金屬配件覆蓋全身。每件作品都充滿了批判性和創造力。

我看到越來越多學生從原本單一的設計思維，開始跳脫框架，融入多元視角，甚至結合社會批判性思考。他們不再只是單純的執行者，而是成為了用服裝講述故事的「思想家」。這種轉變，讓我感到無比欣慰。

3 找工作的絕地反擊——展現自己的獨特性

某次，有一位即將畢業的學生因為自信心不足，一直不敢投遞實習申請。我對他說：「簡歷和作品集不需要完美，重點是你要敢於展示自己的獨特性。別怕吐司烤焦，焦了才有味道。」後來這名學生鼓起勇氣，重新整理設計作品，用

簡單的排版配上很有記憶點的標題,製作了一份極具個性化的簡歷。最終,他獲得了一家創意廣告公司的面試機會。結果,學生不僅成功錄取,還成為團隊中最年輕、最有創意的成員。

這些故事讓我明白,教育的本質並不是單純傳授知識,而是引導學生發掘自己的潛能,挑戰自我,甚至勇於迎接失敗。學生們也用創意證明,吐司焦了才有記憶點。吐司烤得焦,才會散發濃烈的香氣;人,只有做到極致,才能被記住。我要感謝我的學生們,是他們讓我這片「焦吐司」燃燒得更香,也讓我的教學旅程充滿了驚喜與感動。希望未來的你們,也能勇敢地把吐司烤到最焦,成為最耀眼的自己!

我上課除了搭配大量簡報，也鼓勵學生勇於發言。

> **ChaCha 想說**
> ....
>
> 人們常常對自己吹毛求疵，總喜歡挑剔自己，但別忘了，其實我們也在發光啊！每個人都是獨一無二的存在，沒有人能取代你的光芒。當你開始自我懷疑時，停下來，試著挖出閃閃發光的自己。你會發現：你比自己想像的更精彩、更出色！

刷新三觀的美式教育

某年感恩節,我去一名教授家過節。教授是一對夫妻,年紀目測大概 50 左右,兩個人都是大學教授。教授有一個 19 歲的兒子,又高又壯而且成績很好,在高校劇裡應該可以算是那種足球隊萬人迷角色。兒子正是大學一年級的年紀,也確實從當地知名高中畢業,但他卻沒選擇升學,而是正在進行 Gap Year(空檔年)。Gap Year 常見於美國青少年在高中畢業後,騰出一年的時間,以實踐的方式來體驗自己感興趣的工作、生活。

不過他們的兒子幾乎是什麼事都不做,他說他就是想找自己,於是在一間冰淇淋店打工,每天就跟在高中的學妹談戀愛。趁兒子和女友不在時,我問教授:「你們兩位身為大學教授,不會希望兒子繼續升學嗎?」教授:「不會啊,他

如果可以自己賺零用錢,他愛做什麼我們都管不了,而且他還年輕,花點時間找尋自己是正常的。」

他們真的是很開明的家庭,因為兒子的朋友紛紛去頂尖學校唸書,兒子本來也可以,但家長竟然完全沒有要跟他人比較或有恨鐵不成鋼的心情,就是讓兒子自由發揮。我就算已待在美國很久,對於這樣開明的態度還是感到驚訝。

教授:「你父母不會這樣支持你嗎?」
我:「我爸媽打死都不會說這種話,反而會先把我打死吧!」

哈哈哈,我當下真的是笑到停不下來,請問您是在開什麼玩笑,我從小到大父母甚至從來沒稱讚過我,一句話都沒有,直到此刻我已滿 30 歲,他們仍然沒對我說過一句好話。

以前在台灣學習,我認為台式教育就像一場沒完沒了的連續劇,劇本早就寫好,你只能乖乖演好那個乖學生的角

色,稍微脫稿就會被導演(爸媽)吼:「你以為這是即興演出嗎?」從小,我的人生就是 PR 值高過 95 的連續劇女主角,導演永遠罵我「不可以這樣」、「為什麼不是滿分」,但來到美國後,我彷彿瞬間轉台到了《摩登家庭》。這裡的教育是怎樣?每個人都在即興表演,而且導演不僅不罵你,還會拍手鼓勵:「哇,這段表演真有你的風格!」

回到美式家庭(跳一下)。吃完火雞後,我們轉移陣地到客廳聊天。有趣的是,兒子的高中學妹女友就大剌剌地坐在兒子腿上,然後他們就這樣你儂我儂、卿卿我我,很開心地吃著甜點,跟大家一起聊天。我當下只是感到驚訝,因為如果被我媽看到,她一定會大吼:「男女授受不親!」而且還要吼個十幾次才會罷休(所以我現在都只跟男生親)。小情侶你儂我儂,我轉頭看教授也笑得合不攏嘴,他甚至看著我說:「They are in love.」然後呵呵笑到不行。我只能說他們對戀愛的態度,也是跟我父母天差地遠。(是說,如果我也提早學習愛情,是不是就不會一直跟渣男交往,然後被射後不理呢?)

接著我們開始玩起團康遊戲，教授的老婆是研究政治學的大學教授，我們幾個就開始玩起比手劃腳，整個場面又好笑又溫馨。我跟教授的老婆一組，他老婆好勝心很強，每道題目都用生命在比，讓我很快就可以答對。在我們答得非常順利時，突然出現一個題目，他老婆怎麼比我都答不出來。她的動作一下像雞、一下像孔雀、一下像修女、一下像里約的基督像，我猜了幾個答案：超人特工隊、飛行的修女、聖女貞德，但都是錯的。正當我已經把腦汁絞盡，他老婆被時間給逼急了，於是她使出大絕招。一個50歲左右的密西根大學政治學教授，躺在地上，四腳朝天，發出咿咿歐歐的聲音，做了一個只會在親密時才會出現的動作。

　　我頓時傻眼，接著聽到她兒子大吼：「MOM～～NO～～!!」然後現場大爆笑，我靈光一閃，立刻回答：「傳教士。」（Missionary）他老婆立刻跳起來，拍了手說：「Yes!」

　　在美國，傳教士就是那些宣揚教義的人，但第二層意思是一種很常見的性愛姿勢，美國人稱傳教士式（Missionary

Position）。他老婆，也就是這位在社會上被人景仰而且很會引用的教授，當著他兒子和兒子女友的面前，在地上表演這個體位。

我只能說美國人的開放程度，再次刷新我的三觀，彷彿在演《全家就是米家》（We're the Millers）。我真的好喜歡這樣的文化，家長是親人也是朋友，不是你成長的絆腳石，在你找尋自我時，也能帶你逆風飛翔。在感恩節的晚上，我們感謝豐盛的食物，感謝這一年來自己的努力，我也體驗到美國文化充滿魅力的一面。

教授準備的感恩節晚餐。

ChaCha 想說

我覺得美式教育就是很會鼓勵人，但確實也容易造成學生對實際上的認知缺乏，或看起來很假。不過，在稱讚完後給予評論時也要小心用字，避免傷害到他們。

曾有名學生的課堂作業做得亂七八糟，寄給我後，我還是用開朗的語氣稱讚他，表示我懂他想表達的意思。接著我也提供他一些建議和調整，然後給他 75 分，旁邊附了一句「Great effort! Keep improving!」（很努力了，繼續加油！）以及要改正的地方。結果學生還是很有自信，覺得自己做得很好，應該要拿到更多分數，即便我已經列出所有他被扣分的點，他依舊很有自信。我想，這就是物極必反吧！

不要讓人生變成白吐司

開始在大學教書後,我常常想起我大學時的模樣,所以有時我會以自己的經驗為基準,去設想這群大學生會以什麼樣的方式來看待我。大學時的我,其實是 overachiever(成績超過預料的學生),我雙主修,並且每學期都修超過 25 學分,我把大學當成 buffet,我認為能學到就是賺到。當然,我只會去修喜歡的課,除非是必修,比如「高齡學導論」和「社區教育政策」,我就恨之入骨。

我是那種抓到機會就要努力表現的學生,像是表演藝術課的期末製作,我就成為了導演兼編劇。此外,大學時我也很著迷玩社團和系學會,每天都在忙著排表演、借場地及各種活動。對我來說,大學真的就是要把吐司烤到最焦,好好把握機會讓自己發光發熱!

不過,這都是我自己對於大學的態度。

當我的視角轉換成教授後,我看到的是大學生的美麗與哀愁。課堂上總是會有很積極的學生,這讓我很欣慰,因為他們真的有好好吸收我給的知識,並且好好練習。但也有一大部分學生是來混學分的,尤其我們是商學院,雖然是學校最有錢的科系,但也混雜最多「不知道要唸什麼所以才來唸」的學生。以前老師都很愛威脅學生「你們在台下幹嘛我都看得一清二楚」,而我真的看得一清二楚,連發呆都很清楚。有一次我上課時還噗哧笑出來,因為有同學嘴巴打開睡著,結果撞到桌子。

其實我對學生滿能容忍的,畢竟美國大學學費這麼貴,你們要浪費是你們的事。我自己發現學生上課最愛做的事,不外乎逛網拍、寫其他課的作業、大放空、玩電腦小遊戲,其實就是這樣,因為滑手機會被罵(其他老師會)。我在課堂上其實沒什麼禁忌,只要不影響其他人就好,但之前有學生上課吃洋芋片,這就是不行!洋芋片聲音很清脆耶,

那「喀喀喀」的脆響彷彿現場環繞音效，害我都想問：「是 Lays 還是 Pringles？」什麼小蘿蔔也是不能吃，因為咬斷的聲音也很大聲。（我突然想到，之前曾有女學生上課時都會吃一些小東西，我是覺得沒差，我只是覺得她應該真的很餓吧，後來這名女學生特地來跟我說，因為她懷孕了，所以血糖會有問題，要吃小零食。）

此外，學生請假的理由百百種，有學生一直拿 Covid-19 為藉口，大概只來一半的課。某天他又請假了，結果晚上我去學校附近的夜店跳舞時，一轉頭就看見他。我說：「Teagan，妳不是生病嗎？」她說：「休息一晚就好了啦！」我真是想翻白眼，哈哈哈。有學生說因為不知道怎麼搭公車來學校，所以放棄來上課，也有學生可能開動物園，拿寵物的死當藉口，這一週是蜘蛛死了、下一週是金魚死了，後來倉鼠也死了，我最後勸他不要再養寵物了。當然最經典的就是期中考時，學生們的親戚就會開始以各種理由身亡，大家都在參加喪禮，讓我懷疑世界末日是不是來了。你可能會想問，難道 ChaCha 完全不會質疑他們嗎？我都直接批准，只是你不能請

假完,當天中午還出現在學校餐廳吧?說好的喪禮呢?

我也有過學生一整學期只有開學前三週出現(一直請假),到期末也從沒交過作業,我打完成績後,他突然寄信給我,拜託我給他分數,真的是要成績的時候最積極。還有一名學生也是很天才,同一個學期他修我兩堂課,結果他交一樣的作業,我說你交其他課的作業給我就算了,給我同樣的作業是怎樣?後來他因為不想重做,所以退選其中一堂。

其實學生們真的不用這樣,因為這只是一堂課,真的沒那麼重要,生命經驗才是可貴的。有學生要出去玩兩週,我都爽快讓他們請假,甚至因為男友當兵回來,她想多點時間陪他,我也讓她回家。只要你願意溝通,我都會給機會。

當然也還是有很多積極的學生,有些學生為了拿 A,願意花時間和精力做作業、找實習、參加學校活動。其實我覺得在密西根這裡很妙,以我的經驗,我以為這種頂尖的學生都會想去大企業上班或讀研究所,但我遇到滿多都只想盡力

而為,然後畢業後在一間小公司上班、承接父母的企業,或是結婚。其實在密西根的大學,沒有像我以前在台灣,很競爭、很勢利,認為成績好就應該要幹嘛。反而學生們都很適性發展,有 26 歲的大一新生,也有 22 歲就有家庭還有孩子的學生。學生也不會因為成績全 A 就去麥肯錫上班,而是去唸美妝學校,立志當化妝師。

美國的教育環境讓學生有多種可能性,也包容他們能做出適合自己的決定。在這裡,沒有人會因為「走不同的路」而被嘲笑,反而會被鼓勵去探索、嘗試,甚至失敗後再站起來。我從時尚產業一路走到學術界,這條路上充滿了彎路與自我懷疑,但美國的教育讓我學會了一件事——你的人生不是只有一條單行道,而是一座交錯的立體城市,你可以隨時轉彎、換道,甚至搭乘另一輛更適合你的車。

作為一名教授,我看到學生們用自己的方式去定義成功。有些人選擇創業,有些人愛上研究,有些人發現自己最熱愛的是一門完全不同的學科。我總是告訴他們:「你可以

改變方向,因為這個世界允許你探索,也允許你成長。」人生不該被標準答案束縛,而是要用好奇心去書寫屬於自己的篇章。

所以,如果你現在是學生,問自己一句:「只有一次的大學,你想怎麼過?」想當積極進取的知識探索者,還是瘋狂享受青春的大學生?沒有對錯,只有選擇。但無論如何,記得——不要讓自己的人生變成白吐司,至少加點果醬,甚至來點炙燒起司,才對得起這寶貴的四年。

這張也是上課照,學生正在畫服裝畫。

學生正在完成我出的課堂作業。

ChaCha 想說

其實青春真是美好,有健康的身體可以揮霍。我這學期把一週過成 8 天,4 天在密西根工作,4 天在芝加哥玩樂(重疊一天),持續了超過半個學期。之前週末去看了韓國女團 aespa 的演唱會,加上我每天都 party 到半夜 3 點,並且白天都有滿檔行程。結果週一早上 9 點上課時,我彷彿被黃色的大肥校車輾過一樣,喝再多咖啡都還是有種說不出的疲憊感,一路疲憊到星期五。但我大學時,可以在夜店待到早上 4 點,回家睡 3 小時後又衝去上早上的課,我就是一尾活龍,彷彿什麼事都沒發生。所以,請好好把握可以 party 的時光吧!

不再裝乖,你的期待與我無關

美國大學生遊台記

在美國中西部的大學教書，同學有時也會對我的背景感到好奇。有次我在課堂上解釋「台灣的早餐店文化」，描述鹹豆漿和油條時（其實我根本沒喝過鹹豆漿），美國學生一臉困惑地問：「這是不是像甜甜圈配濃湯？」全班爆笑後，學生開始討論如果早餐店開到美國會不會掀起熱潮。後來討論到台灣早餐的包子時，有學生開玩笑說：「包子不就是亞洲版的漢堡嗎？」我：「廣義來說，熱狗也是漢堡。」學生們一頭霧水，我則是覺得很好笑。也有學生好奇地問過：「亞洲父母真的都很嚴厲嗎？」這讓我忍不住分享自己被父母逼選理組，卻偷偷學設計的故事，我還說我爸媽從來沒稱讚過我，只有貶低（I swear to God，我向天發誓），讓學生感嘆「亞洲父母好可怕」。

2024年的暑假,我跟一些教授有幸帶領一群美國學生在台灣旅遊,由於他們是來校外教學的,安排了各大企業參訪,不過文化觀光的部分也不能少。美國學生在台灣時驚嘆連連,先是看到很多機車,他們覺得很有趣,貼著捷運的窗戶一直看。捷運對他們而言也是新奇的體驗,大部分學生都是在只能靠汽車代步的地方長大。有學生搭捷運時,很努力地在練習如何平衡,她還開玩笑說自己在健身。

台灣7、8月非常濕熱,學生們也被氣候嚇到不行,一直需要休息,我則是鼓勵他們多喝水。吃的部分我觀察下來發現,這個食物如果跟美國文化很接近,他們就會喜歡。譬如說雞蛋糕和車輪餅,他們很喜歡且覺得吃起來很像小鬆餅,但車輪餅的紅豆口味就不行,美國人恨甜豆子,他們覺得豆子就是要鹹的。再來是豬血糕,我記得我就是買了狂吃,然後他們知道是 pig blood(豬血)後,每個都嚇瘋。還有臭豆腐也是,我專門買來吃再嚇唬他們。

吃來吃去,學生們最喜歡的是鼎泰豐,它就是一個乾淨

而且大家可以接受的口味，小籠包他們愛慘，我也意外他們竟然喜歡紅油炒手。不過，還有一件好笑的事，就是放眼望去整個鼎泰豐都沒有人點酒，只有我的這群學生狂點酒。當學生們發現台灣 18 歲就可以喝酒後，他們就瘋掉，開始能喝就喝。在海邊喝調酒，在路上拿著酒瓶晃來晃去，我真的要笑瘋。

由於美國晚上治安很差，有女學生邊拿著酒邊問我：「台灣晚上會不會有壞人？」我說不會，這裡最可怕的人就是你們。確實他們就是在路上大吼大叫，還會在捷運站跳舞，我只好化身《侏羅紀世界》裡的馴龍師，小心翼翼地控制著他們。其實他們都沒有失控，只是美國人就是天生比較 loud（招搖），所以我其實好幾度在內心祈禱，希望不要被路人偷拍。

這群美國學生也會做一些好笑的事。我們去君悅飯店的凱菲屋吃吃到飽，吃完後他們紛紛到外面的大廳休息，我則去結帳。等我出去後，看到他們全都聚集在一家賣玉的商店

前,每個人都在買玉。我真的是要笑瘋,到底誰會買飯店樓下的玉啦!原來這種店的目標客群真的是老外,他們買得津津有味,有學生的玉鐲要價快 15,000 台幣,真的很敢花。

後來我還帶他們去貓空坐纜車,他們覺得茶葉和翠綠色的山很漂亮。接著他們發現纜車也可以到動物園,於是要求改變下午去西門町的行程,決定要去動物園看熊貓。我還真的讓他們去看熊貓,晚上再去西門町。到西門町後,沒想到很多人在出口旁的 H&M 就逛了一個小時。此外,某天晚上我讓他們自由活動,但他們最後選擇跟著我一起前進,於是我就跑去逛了一家二手精品店。沒想到學生全都跟進來,最後,每個女生都至少買一個包,有好幾個買三個。有的女學生原本在飯店休息,一聽到大家的戰況,一秒衝過來買包。我真的是一直被他們笑鼠。

帶學生去淡水,以及品嘗小籠包。

> **ChaCha 想說**
>
> 唱 KTV、逛故宮、放天燈、遊九份──這些台灣經典行程一樣不缺,而最讓我感動的並不是這些景點本身,而是學生們在這趟旅程中的變化與成長。從最初的陌生與好奇,到最後的依依不捨,每一個瞬間都讓我感受到文化交流的力量。
>
> 其實,這些學生曾告訴我,台灣對他們來說是一個遙遠而陌生的地方,可能是一輩子都不會踏上的國度。但這趟旅程,讓他們真正體驗到了 7,000 公里外的世界。不只是從書本上讀到的資訊,而是親眼所見、親耳所聞、親身感受。

他們在 KTV 裡大聲唱歌；在故宮博物院裡，他們驚嘆於肉形石的細緻，彷彿穿越時空，感受著這片土地的歷史厚度；在九份的石板路上，他們一邊吃著芋圓，一邊欣賞山城裡燈火點點的美景，原本只是電影畫面的場景，現在竟然真實地出現在眼前。

最讓我印象深刻的是放天燈的那一晚，夜色下的平溪小鎮微微發光，學生們拿著毛筆，一筆一劃地寫下他們的願望，有人希望家人健康、有人希望未來順利、有人單純寫下「想再來一次台灣」。當天燈緩緩升空，所有人仰望著那些點亮夜空的微光，彷彿也在那一刻，把自己的夢想交給了更遼闊的世界。對我來說，這不只是一次校外教學，而是一場用文化、情感與記憶交織出的美好旅程。

被學生種族歧視

　　身為亞洲面孔，在台灣長大，又以中文為母語的我，其實在美國被種族歧視是常有的事。之前在博士班時，曾被副系主任（人稱女川普）大臭罵，原因只是因為她在擦桌子時，我跟另一個同學沒去幫忙（桌子非常乾淨，而且她沒請我們幫忙，她也才擦大概 3 秒）。她因為這件非常無聊的事大吼我們，叫我們滾回自己的國家，還說要奪回我們的獎學金，她吼到自己咳嗽咳不停，最後還跑去辦公室吃喉糖，吃完再回來教室繼續狂罵。由於權力不對等的關係，所以這位女川普自認很了不起，能夠這樣罵我跟印度同學。但沒想到我當教授後，還是會被學生歧視。

　　有一次在「零售管理」的課堂上，我在講解一個理論，正好我以美國的中餐館為比喻，它們的菜單都是幾種肉類和

幾種醬料，但可以變化出無限組合。這時候一個美國白人男大生舉起手要發言，而且臉上還露出非常開心的微笑。

男大生：「你知道中國最有錢的人是誰嗎？」

我心想是馬雲嗎？還是張一鳴呢？我說：「馬雲？我不確定……」

男大生：「最有錢的人是 Chang Ching。」

男大生講完後我當場傻眼，我看著前方眼睛睜超大，這名男大生是哪裡來的勇氣，竟然在 30 幾人的大學課堂講出這樣的話？在美國如果對著華裔講出「ching chang chong」，是對漢語使用者及華裔的一種貶低跟羞辱，其實就是模仿中文的發音，嘲弄亞洲人的說話及發音方式。使用這個詞，就相當於對非裔美國人說出那個 n 字一樣的重。

我當場嚇到不行，他以為我聽不懂，接著又說：「Chang Ching 就是收銀機的聲音啊，用收銀機會發出的聲音。」我深吸一口氣以後說：「好，我們繼續接下來的課程。」

我看到其他學生嚇到漲紅臉，也有聽不懂的學生跟其他人交頭接耳。我認真地講了 10 分鐘後，就提早讓課堂結束，當下我其實是驚嚇多過於其他反應。後來我回到辦公室，趴在書桌上哭了一陣子，我只是想要認真做好工作，為什麼好端端地要被一個男大生在課堂上公然羞辱。於是我直接向學務長舉報，好在學校很看重這件事，當天立刻安排時間跟我見面。除了事件本身，我還提到這名學生其實很喜歡在課堂上講不好聽的話，譬如我們是商學院，報告時穿著正式服裝是基本要求，但這個學生就會用激烈的言詞反抗，認為這樣很多餘，很沒必要，這名男大生一直很喜歡反抗我講的東西，而且使用激烈的情緒。簡單來說，他是很求關注又從小過得很順的那種白人男生。

　　我向學務長表示，我舉報的原因只是希望這名男大生可以不要再出現在我的課堂，如果他很需要學分，可以去修別的課，我可以讓他抵學分。因為男大生已經影響上課的秩序和其他學生的權益了。然後我還哭了，我就是愛哭鬼。學務長搖了搖頭說：「他不能再這樣下去。」當天晚上副校長還

致電安慰我，她說學校絕對不是這樣，並且向我道歉。

兩天後，又是零售管理課，男大生沒有出現。下課不久後，我收到這名男大生的電子郵件，信裡他只寫了一句話：「我被學校開除了，正義被實現了，你現在開心了吧！」

我頓時雞皮疙瘩，首先我根本沒有要求學校開除，所以跟我沒關係啊！而且學校在做這個決定時，我完全不知情，我身為教師，我的義務是去通報而已。另外這名學生沒有悔過之意，還諷刺我。我後來嚇得在學校停好車後，都會朝向四周看來看去，並且隨身準備胡椒水。（種族歧視在美國是很嚴重的，其實男大生被開除合情合理，不過我後來得知，這名男大生除了對我做這件事，還被舉報騷擾女同學、破壞公物等罪狀，所以我可能只是一根很大的稻草。）

這件事就這樣告一段落。但是一個月後，我的私人信箱收到一封電子郵件，標題是「抱歉」，我打開信件發現是男大生的母親。她在第一段寫到她很抱歉，也很真摯地跟我說

對不起。但在第二段，這位母親問我可否再次敘述事情的經過，她想要了解來龍去脈。

讀完第一段，我其實很欣慰，但讀到第二段，我心中開始懷疑，覺得好奇怪。如果要道歉，妳可以在事件發生當週就寄信給我，為什麼要等到一個月後呢？不過基於美國聯邦法，大學教授不能跟學生的父母親聯繫，如果需要聯絡，必須由學校第三方介入才可以。這個是我在當教授前，就牢牢記在心的事情，於是我就裝沒事，假裝沒看到這封信。

隔天，學校寄了一封信給我，並標明是緊急事件，希望我當天就可以跟法務部的人見面。於是我到了法務人員的辦公室，他告訴我，學校因為開除那名男大生而被他的家長告上法院，這週末他們要開庭，男大生希望我可以出庭講述種族歧視的過程。我當下再次傻眼，這件事情這麼嚴重喔，可能剛好這名男大生已經大四，差一點就可以畢業吧！我之前有寄信給學務長，詳細敘述事件的來龍去脈，且班上 30 幾名同學都可以作證。

於是我跟學校說:「如果學校需要我就去。」

學校說不需要,他們已經有足夠的證據了。我只能說這名母親真是鱷魚的眼淚,想從我這邊套話。法律攻防戰在美國真的很可怕,雖然我想過如果出庭,應該滿抓馬的,但還是小心不要被告好了。關於這個官司的結局我也不知道,美國在這些事情方面會分得很清楚,就是每個人做好自己的工作,如果不關我的事,他們也不會告訴我。

ChaCha 想說

現在的我回想起來,覺得自己很脆弱,而且經驗值不足。另外一個教授說,他絕對會臭罵該名學生,然後轟他出去。我希望不要再發生這樣的事,但如果再次發生,我絕對會站起來,為自己挺身而出。

你是最酷的教授

我常常被學生問：「Professor Yu，為什麼你會來這裡教書？」他們的語氣總帶著幾分驚訝。或許在他們眼裡，我是個穿著時髦的 city boy，出現在這樣一個鄉下的校園裡，怎麼看都有點「水土不服」。再加上，他們覺得我看起來比大多數教授都年輕，整個人的「畫風」和傳統的學術形象完全不搭。每次遇到這個問題，我都笑著回答：「我就是想走學術圈啦！」

以前在公司上班時，我的心態就像一個標準的「薪水小偷」，只盼著下班、打卡回家，對公司的未來毫無興趣，畢竟公司倒了也不關我的事。當然如前幾章所說，我很認真工作，只是當華麗的外衣褪下，我內心一直感到空虛。

但成為教授後,一切都變了。我會花很多個人時間設計更好的教材,思考如何讓課程更有趣、更有啟發性;我也積極參與研究,不斷挑戰自己。這份工作沒有厲害的薪水,也沒有人逼我努力,但我卻心甘情願地付出,還樂在其中。我認為這就是熱情。

有次在路上,一個女學生向我走來,她說:「Professor Yu, you are the coolest professor ever.」(余教授,你是最「酷」的教授。)這句話在我心中是很好的評價,我頓時感受到我的努力有被看見。我不曾想要成為什麼最酷的教授,我其實只希望不要把事情搞砸。聽到學生的評語,讓我更是對這份工作充滿動力。學校之前曾舉辦「大家最愛的教授」投票,然後我第二名,哈哈哈哈哈,很好笑,我莫名養出一批死忠的學生,他們就是會來修我的課,還到處幫我拉票。我覺得我做這份工作的其中一個目標,就是希望成為當年自己沒有遇到的那個教授,我想當可以啟發學生,可以讓他們發言的教授,絕對不能成為我在大學時遇到,那種對我大吼、說我不夠謙虛的教授。

在我的課堂上，我鼓勵學生表達，我的準則就是：「No stupid questions.」（沒有笨問題。）這種安全感讓學生們願意打破心理障礙，願意表達。學生們就算是用 TikTok 來做研究，我也覺得很棒，我甚至出的作業就是要他們拍 TikTok。有時候他們反而還會嚇到，想說這樣也可以喔。但我認為這些都是趨勢，不僅可以商業化，也有文獻支持，拍 TikTok 當作期末報告有何不可？對於學生上課提到的案例、名人，如果我不了解，一定第一時間 Google，了解學生的喜好。

在課堂中我也常使用學生熟悉的例子，讓他們覺得我們之間是沒有代溝的。有趣的是，我之前在教服裝史，講到我在千禧年時都看影集《孟漢娜》（Hannah Montana），最愛的電影是《辣妹過招》（Mean Girls），結果台下有學生直接大喊：「You can't sit with us!」我甚至上課到一半唱出：「Hey now~ Hey now~」台下學生跟我齊唱：「This is what dreams are made of!」學生說他們也是看著這些長大，沒想到我跟他們這麼近，其實也才 8、9 年的差距啦！

因為學生把我當朋友，所以常來詢問我的建議（但不能真的是朋友）。有一次，我在辦公室裡遇到了一位前來諮詢的學生。他看起來有些忐忑不安，開口便問：「教授，我對未來很迷茫，不知道該怎麼辦？」這並不是我第一次聽到這樣的話，但每次遇到這種情況，我還是會仔細傾聽。那天，他提到對自己的興趣缺乏信心，害怕選錯路會浪費時間。

我對他說：「你已經很好了，現在需要做的，就是相信自己。」接著我笑著說：「沒有人天生知道路該怎麼走，你要跨出去，才會知道自己要的是什麼。」學生突然反問我：「教授，那你的夢想是什麼？」

夢想，在年輕的時候是很簡單的事情。不過隨著歷練增加，我發現很多夢想流於幻想，就好比我覺得能在紐約時尚產業叱吒風雲很棒，但要付出的代價和心力，我卻無法承受。我也不想只當一個異化的螺絲釘，「是否適合自己」也是考量的一部分。當有人問我這題時，我總是說：「我希望某天可以成立自己的時尚品牌，然後看到大家開開心心地穿

著我設計的衣服。」這個夢想真的跟我的工作差很多，哈哈哈。但目前當教授讓我很開心，所以我先當，也許某天等我鼓起更多的勇氣和賺到更多金錢，就可以去實踐我另一個遠大的夢想。

學生離開後我坐在辦公室裡，回想自己的求學與職涯旅程。一路走來，我曾迷茫，也曾懷疑過自己的選擇。但現在，我在教育這條路上找到了答案：「夢想不是一個固定的終點，而是一段不斷自我發現與成長的過程。」當我們問自己「我的夢想是什麼？」時，也許更重要的是「我想過什麼

我和學生們的合照。

樣的生活?」對我來說,這樣的生活充滿啟發與分享,能和學生們一起探討未來的可能性。

我的夢想不是獨自站在山頂,而是享受這一路的風景。

> **ChaCha 想說**
>
> I took the one less traveled by, and that had made all the difference. ──〈The Road Not Taken〉
>
> (摘錄自美國詩人佛洛斯特的〈未行之路〉,中譯:我選了較少人走的那條路,於是再來的一切都迥然相異。)
>
> 老實說,人生的選擇我後悔過不少,偶爾還會陷入「啊,要是當初怎樣怎樣就好了……」的無限循環。每次回頭看,都覺得自己是不是錯過了更好的可能性。但後來我想通了,當下做的決定,都是當時的我覺得最合理、最舒服的選擇,就算最後翻車了,那也是我自己踩的油門。所以最重要的是享受當下,並且盡全力去做。

不裝乖，才是我的光芒

　　某年過年，我們全家聚在圓桌吃飯，大妹站起來幫長輩夾菜。姑姑當場稱讚她：「哇，妹妹好乖喔！」全家都鼓掌，她也得意地露出「我很棒」的笑容，像葛萊分多剛加了 10 分一樣。可我看著她，心裡只是覺得很可笑。因為我知道，這個「乖巧」的大妹，半夜偷偷跑去夜店玩到咳血，成績一團亂，開車一直超速，簡直像小說中的反派角色。但只要她會在大人面前裝乖，家人就對她百般寵愛，不只買名牌包犒賞他，還送她一棟房子。反觀我呢？我努力讀書、工作，甚至在美國大學當教授，曾經也會轉錢回家，但父母卻依然覺得我在美國「混日子」。為什麼？因為我不會裝乖，也不符合他們的期待，我只要呼吸我就是叛逆。

　　在英文裡，找不到一個單字可以形容「乖巧」。Obedient

是順從的意思，可是乖巧的人會主動滿足他人期待，well behaved（行為端正）感覺很靠近，可是我很 well behaved，我甚至在大學當教授耶，卻還是無法滿足父母的期待，我也永遠是那個離經叛道的孩子。每次回台灣還是得忍受父母嫌棄的眼神和言語。

不過來美國這幾年，我學到的一件事就是拒絕情緒勒索。我不會再被你們的言語綁架，我是自己的主人。即使父母總是打電話來臭罵我，認為我只是去美國亂花錢、到處玩，每天在社群媒體上打卡。可是他們的觀點都不重要了，因為他們的想法再也無法影響我。我的人生不會受到他們限制，我再也不要裝乖，他們的期待也與我無關。

有一次，父母問我：「你到底在美國學到什麼？」我笑著回答：「學會怎麼不乖巧，學會怎麼做自己。」他們愣了一下，嘆了口氣說：「那你開心就好吧。」這句話或許並不真心，但對我來說，我也不在乎了，我就是想做我自己。我的獨特性，往往會被當成異類；我的選擇，常常被認為是離

經叛道。但事實是,乖的相反從來不是叛逆,而是做自己。

現在的我,選擇以一種不乖巧的方式生活。我不再壓抑自己的感受,也不再讓別人的期待成為我的束縛。我發現,當我忠於自己時,我反而能達到那些曾經以為無法實現的目標。所以,當你們面對那些要求你「更乖巧」的聲音時,請記得,乖巧是別人眼中的標籤,而做自己,才是你生命的本質。把內心的渴望釋放出來,勇敢地為自己而活,因為那才是你真正的光芒。

人生不是客觀的經歷,而是主觀的過程。

人生是一部「我想怎麼演就怎麼演」的自製劇,你是編劇、導演,還兼主演的角色。最終,你是誰、過什麼樣的生活,絕對不是什麼親戚、老師或鄰居阿姨可以決定的。所以當你卡關、覺得人生像密室逃脫時,先別急著認命。你可能只是自己拿粉筆在地上畫了個圈,然後一邊跺腳一邊抱怨出不去。而事實是──鑰匙就掛在你的脖子上啊!我們永遠可

以選擇改變,永遠都能找到出路。

當你準備行動時,不妨深吸一口氣,拍拍自己的腦袋說:「OK,換個方向,我還有得選。」因為在人生這部劇裡,就算跟我一樣從小在壓抑和悲傷中存活,曾經在國中被霸凌,整個求學時期遭受父母冷嘲熱諷,大學時的我,甚至曾站在房間窗台上,想說要不要就跳下去算了。但最後我在窗台上擦乾眼淚,爬回自己房間,因為我意識到如果選擇放棄,一切就真的結束了。人生無法重新來過,所以我決定把這些障礙當作一次次的 NG,這場演不好,沒關係,下一場再努力,只要還在台上演,就有機會讓劇情反轉!

人生就像一片吐司,沒烤到最焦,哪能體會真正的香氣和韌勁呢?

ChaCha 想說

從小到大，我被父母教育需要「乖巧」，但這只是在逼迫我服從，並不能定義我。過去我努力學習、盡力做好自己，卻發現我仍無法滿足家人的標準。直到來到美國，我學會擺脫情緒勒索，選擇做自己。我發現，人生是自己的舞台，關鍵在於忠於內心，而不是迎合他人的眼光。

曾經的壓抑與迷惘，都成為推動我前進的動力。我不再活在別人的期待裡，而是掌握自己的劇本，勇敢地活出屬於我的人生。

遠距離的美

在我的成長過程中,最大的壓力永遠來自父母。他們不僅操縱孩子的心靈,肢體上也是手來腳來。對於我這種很愛父母的人來說,這無疑是一輩子最大的陰影。為什麼我最愛的人、我最在乎的人,可以這麼無情地對我施暴。其實只要待在家,我常常都很緊張,深怕說錯話或做錯事,最後又被吼到體無完膚。我常常幻想,要是可以有一對正常的父母,該有多好,甚至不用正常也不需要特別的愛我,只要跟我相敬如賓即可,不用跟我對話,讓我默默成長到大學畢業,然後我們就 say goodbye。

剛來到美國時,其中一部分的快樂來自於再也不用跟父母住在同一個屋簷下了。我終於擺脫了我最大的霸凌者,最大的禁錮。當然我和父母的關係也是複雜的,像是大家可能

會覺得我為什麼不直接逃離家，去外面自力更生。可是我反而覺得，我就是要拿你們的錢出國讀書，因為你們已經毀了我的人生 22 年，我拿這些錢去唸書，也不為過吧！內在小孩的傷疤是一輩子的，金錢你們再賺就有（而且他們滿會賺錢的）。總之，父母還是一樣，每週透過電話對我大吼大叫。但其實只要不在同一個區域，一切都削弱很多。可是每次講完電話後，我還是需要用一個晚上來平復自己的心情，這種刺激對我來說很沉重。

後來，我盡量不回台灣，即便是有時間有金錢，父母一直叫我回去，他們常說：「回來台灣休息一下啊。」但我內心知道，他們只是想臭罵我。我就說工作很忙，或是課業很忙。老實說，我就是躺在家裡看劇而已。最高紀錄應該是我一開始到美國後，就 3 年多沒回台灣。台灣對我來說是一個讓我很緊張但又很熱愛的地方，所謂「近鄉情怯」就是這個意思吧！

第一次回台灣不到兩天，我就又遭遇孩童時期的瘋狂責

罵，父親還把我叫到客廳罰站，狂罵我兩小時，所有難聽的話再次往我身上倒。這次我比較勇敢了，只是我以為遠距離帶來了美好，可是一回家，我還是當年那個答不出數學題的國小生。後來我索性待了不到三週就離開了。

接著又是兩年我才回台灣，這次是因為離職了，但其實我是抱持著也許可以留在台灣的心情回國。殊不知因為得知我離職，父親更變本加厲，我才抵達台灣不到3天，時差還沒調回來，父親早上7點就叫我開車載他去公司，並且叫我去他公司上班（無薪）。那段日子簡直是我人生的最大惡夢，每天在車上他就是狂罵我有多窩囊、多廢、多沒用，我一度想開著這台車衝到橋下，和他一起同歸於盡。那段時間我每天從早上8點上班到晚上9點（沒誇大），還要被言語羞辱。總之在這樣的高壓下，有一天我直接搭飛機回紐約，封鎖所有跟家人的聯繫方式，我決定了！我要為自己而活，永別了台灣，永別了大家。

在紐約生活的那一年，因為家人找不到我，所以我很

快樂，再也不用提心吊膽。我開心工作，快樂地跟朋友吃brunch，我的人生我掌握。結果可能是命運安排，在紐約生活滿一年時，左眼突然看不見，因為我真的太害怕會完全瞎掉，最後我聯繫了妹妹，她又聯繫了家人，然後我又回到台灣了。不過，這個離家出走到眼睛瞎掉（現在痊癒）的經驗，卻改變了我和父母的關係。那次回台灣以後，他們再也沒有對我大呼小叫，反而成功地對我相敬如賓。我只是覺得很好笑，原來以前再怎麼溝通都沒有用，而是要完全離家出走加上眼睛瞎掉，才能讓他們知道自己有多誇張。

後來我在台灣待了一年，和父母似乎也有點開始理解對方。直到現在，我們的關係就維持在這個相敬如賓的平衡，平時不會聯絡或通電話，除非是重要事，不然就是不聯絡，只有暑假回台灣時會見到面。

其實我很想住外面，但父母養了兩隻狗，分別是法國鬥牛犬和英國鬥牛犬，我對於這種又醜又可愛的短鼻犬真的無力招架，為了要陪狗玩，所以我還是住家裡。當然，我自己

也知道,如果他們現在又對我叫囂,我也可以立刻自保(例如拿胡椒水噴他們),然後再去外面住飯店就好,因為我真的不想再被他們操控了!此外,算命師說我要孝順父母運氣才會好,所以我現在就是盡量啦!

牠們是我的心肝寶貝!

ChaCha 想說

我的人生到 19 歲都活在渾沌跟黑暗中,在大學時,我修了一門必修課「社會問題」,其中有一次課堂討論的主題是家庭暴力。那一天,教授在台上說:「家庭暴力不只是身體上的傷害,還包括情緒操控、貶低、自我價值的摧毀……」這句話像一道雷擊穿了我的內心。我從來沒有把自己的經歷視為家庭暴力,甚至覺得父母的羞辱、指責、不斷的否定也是一種教育。然而世界上有很多比我更慘的家庭,我頂多就是報警幾次、被打或跪在地上,但有些人是會被刀砍死的。這堂課莫名療癒了我,讓我可以用客觀角度去看待自己的成長歷程。

> 同場加映

教授叫我滾回台灣

美國在我眼中一直是個先進、走在時代尖端的國家,但樹大必有枯枝,人多必有白痴,這句話真是一點沒錯。博士班期間,我遇到了不少瘋狂的教授,但不是那種因為研究太深入、像愛因斯坦般的天才,而是個性真的有病,感覺該吃點藥才行的人。以下分享我遇到的幾位瘋狂教授及事件。

1 女川普的種族歧視

這位教授是副系主任,年紀大概 6、70 歲,長得很像川普戴假髮,所以我就叫她女川普吧。第一學期有一堂課是每週一小時,內容是系上不同教授輪流來分享自己的研究。這週輪到女川普,而教室裡只有我和一個印度男生。

她一走進來,我們禮貌性地打了個招呼,結果她沒回

應，直接從包包裡拿出清潔劑和紙巾，開始瘋狂擦拭會議桌。重點是，桌子已經乾淨到可以當鏡子，但她還是擦得像在消毒生化武器一樣。我心想，嗯⋯⋯可能只是有點強迫症吧？

擦完桌子後，她開始擺椅子。椅子原本整整齊齊，但她還是推來推去，直到達到她心中完美的對齊角度，然後──她終於坐下來了。

正當我以為終於可以開始上課時，她突然臉紅脖子粗地朝我們大吼：「你們看到有人在忙，不會站起來幫忙嗎？你們來到美國，就是要學美國文化！美國文化就是積極主動！你們如果不學習美國文化，就滾回自己的國家。」

我直接愣住，來美國 9 年，還是第一次被人這麼大聲地歧視，而且我們哪裡知道她是在「忙」，更別說，這些事到底關我們什麼事？

然後她開始進入無限輸出模式，對我們狂吼了整整 30

分鐘,直到吼到開始咳嗽,然後因為咳得太嚴重,只好先跑回辦公室喝咳嗽糖漿。這場面簡直比韓劇還誇張,我跟印度同學面面相覷,心想:「這是什麼美式地獄體驗?」

1小時的課終於結束後,她還一臉自豪地說:「你們出去工作,不會有人告訴你們這些事的。我是因為關心你們,才會吼你們。」這是什麼情緒勒索天花板,我父母聽了都要起立鼓掌。

當然,這件事沒有就此結束。我後來向學校正式舉報她的行為,但毫不意外的,她還是穩穩地坐在她的副系主任位子上,該歧視的繼續歧視,該發瘋的繼續發瘋。

美國夢?有時候還真的有點像美國惡夢。

2 韓國教授的震撼教育

文化差異真的是一件很有趣的事。在美國,我總覺得可

以自在地展現自己，自信說出想法，結果某天，我遇到了一位韓國教授——他真的非常韓，韓到讓我瞬間以為自己穿越回了亞洲。

這位教授是博士生的總導師，要修課之前，都得先和他諮詢討論。有一次，我跑去他的辦公室討論下學期的課程安排，然後我們展開了一場「文化衝擊」的對話。

我：「教授，我想修這個商業企管學程。」
韓國教授（思考了一下）：「我看你對行銷很有興趣，要不你修數位行銷學程？」
我：「（自信滿滿）可是教授，我數位行銷超強的，不太需要修吧！」

下一秒，教授的臉色瞬間變了，一秒變臉的速度快得像在拍韓劇。

韓國教授（嚴肅模式開啟）:「你不能這樣跟我講話，

這樣非常不謙虛。你應該說：『教授，我真的很感謝您的推薦，但此刻的我覺得，如果能修⋯⋯』」

我當場愣住，心想：「蛤？這樣講話也不行喔？」然後，情緒失控的我居然委屈到當場淚崩！結果，教授反而被我嚇到了，本來還想繼續罵人，但看到我哭得梨花帶雨，連忙關上辦公室的門。這場景要是被別人看到，還以為我們在上演什麼苦情師生劇。

3　來自指導教授的情緒勒索

（前情提要：我的獎學金和指導教授毫無關係，我們只是約定好師生關係而已，他不是我的老闆。）但這位指導教授真的很瘋狂，他有一條「學生守則」：所有信件 1 小時內必須回覆。他還會在奇怪的時間打電話給我，我也得馬上接聽，不然就會被質疑學術態度不端正（？）。

但最扯的還不只這樣。那時我剛進博士班，結果被當地

的公寓業者騙了,住進一間又舊又破的房子。開學第一週,我在學校社團發了一篇轉租的貼文,想趕快搬出去。一個多月後,我早已忘了這件事,但指導教授突然來關心(應該說,盤問)我。

指導教授(冷冷地):「你現在習慣新公寓了嗎?」
我(天真如我):「其實沒有,真的超爛的……」

結果,他的臉色瞬間變得跟韓國教授一樣快!

指導教授(超生氣):「我等你跟我說這件事很久了!其實,我早就看到你在社團貼文說要轉租公寓。你知道嗎?你才剛進我們學校就發這種文,外人會覺得我好不容易招來的學生,結果馬上就要走,這會傷害我的形象。」

接著,他對我進行一頓靈魂拷問,彷彿我做了什麼傷天害理的事,最後還威脅我不能退學,並且強制要求我每天寫感恩日記(???)。這是什麼宗教組織嗎?雖然覺得荒

謬，但當下為了保命，我還是道了歉。沒想到，他居然點點頭，一副施恩的樣子說：「好，我接受你的道歉，我願意給你第二次機會。」這一瞬間我終於明白了，他根本把自己當成神！

本以為博士班的挑戰是學術研究，後來才發現，如何在瘋狂教授間求生存才是重點。被種族歧視的「女川普」怒吼、被韓國教授逼哭、被情緒勒索型指導教授強迫寫感恩日記等，這些經歷讓我懷疑博士班是不是隱藏版魷魚遊戲。在這場遊戲裡，規則全憑教授心情決定，稍有不慎就會被罵到懷疑人生。但好消息是——我挺過來了，還學會了一件事：學術很重要，但學會躲瘋子更重要！

ChaCha 想說

前陣子,我三刷了改編自百老匯音樂劇的電影《魔法壞女巫》(Wicked)。剛開始看這部電影時,我幻想自己就是粉紅色的好女巫,受歡迎、閃閃發亮,人生順風順水——畢竟是由亞莉安娜・格蘭德(Ariana Grande)飾演,誰不想當她?結果電影越到後面,我的幻想就碎得越徹底。當我看著綠皮膚的壞女巫 Elphaba 時,突然有種靈魂被照鏡子的感覺——等等,這不就是我嗎?她總是和別人格格不入,總是因為太聰明、太固執、太不符合標準而被排擠,甚至被誤解為麻煩製造者。

然後,當劇中著名插曲〈反抗重力〉(Defying Gravity)的旋律響起時,我的靈魂直接被震飛。歌詞說:「即使我獨自飛行,至少我飛得自由自在。」好嘛,這句話像是為我量身訂製般,這些年來,我何嘗不是一個人在對抗那些試圖壓制我的人,那些鬼教授、那些直升機父母、那些惡魔老師,甚至那些霸凌過我的同學們。

但現在,我想大聲對他們說:「謝謝你們,真的謝謝,因為你們,我飛得更高了。」我不再試圖壓抑自己的綠光,也不再強迫自己變成粉紅色的版本。與其縮小自己來迎合世界,不如大膽展翅,讓世界學著接受我。

心靈漫步
不再裝乖，你的期待與我無關
從邊緣人到大學教授，ChaCha的勇闖美利堅

2025年6月初版　　　　　　　　　　　　　　　　　　定價：新臺幣420元
2025年6月初版第二刷
有著作權・翻印必究
Printed in Taiwan.

著　　者	ChaCha	
副總編輯	陳　永　芬	
校　　對	陳　佩　伶	
內容協力	陳　芷　儀	
內文排版	葉　若　蒂	
封面攝影	高　　樂	
圖片來源	ChaCha、alamy.com	
恰比插畫	ChaCha	
封面設計	Dinner Illustration	

出　版　者	聯經出版事業股份有限公司
地　　　址	新北市汐止區大同路一段369號1樓
叢書主編電話	(02)86925588轉5306
台北聯經書房	台北市新生南路三段94號
電　　　話	(02)23620308
郵政劃撥帳戶第0100559-3號	
郵撥電話	(02)23620308
印　刷　者	文聯彩色製版印刷有限公司
總　經　銷	聯合發行股份有限公司
發　行　所	新北市新店區寶橋路235巷6弄6號2樓
電　　　話	(02)29178022

編務總監	陳　逸　華
副總經理	王　聰　威
總　經　理	陳　芝　宇
社　　長	羅　國　俊
發　行　人	林　載　爵

行政院新聞局出版事業登記證局版臺業字第0130號

本書如有缺頁，破損，倒裝請寄回台北聯經書房更換。　ISBN　978-957-08-7697-0 (平裝)
聯經網址：www.linkingbooks.com.tw
電子信箱：linking@udngroup.com

國家圖書館出版品預行編目資料

不再裝乖，你的期待與我無關：從邊緣人到大學教授，ChaCha的勇闖美利堅/ ChaCha著．初版．新北市．聯經．2025年6月．256面．14.8×21公分（心靈漫步）
ISBN 978-957-08-7697-0（平裝）
[2025年6月初版第二刷]

1.CST：ChaCha 2.CST：自傳

783.3886 114006090